Kreuzstich
Idyllisches Landleben

Gabriele Jepsen

KREUZSTICH
Idyllisches Landleben

Die Deutsche Bibliothek – CIP-Einheitsaufnahme

Kreuzstich : idyllisches Landleben / Gabriele Jepsen. - Wiesbaden :
Englisch, 1994
   ISBN 3-8241-0553-5

© by F. Englisch GmbH & Co Verlags-KG, Wiesbaden 1994
ISBN 3-8241-0553-5
Fotos Reinhard Berg.
Printed in Germany.

Inhaltsverzeichnis

Vorwort

Ist Ihnen bewußt, daß Sie als Sticker/in eine jahrtausendalte Tradition fortführen? Schon die alten Ägypter schufen mit dem Kreuzstich kleine Kunstwerke. Seit dem 16. Jahrhundert stickt man auch in Europa „kreuz und quer".

Und man höre und staune: Der Kreuzstichvirus breitete sich über die Grenzen hinweg im gesamten Europa aus. Ob damals oder heute – selten waren wir Europäer uns so einig.

Angesichts dieser Zeitspanne können wir Sticker/-innen uns sicher sein: Kreuzstich war, ist und bleibt „in", und wir werden immer Bewunderer unserer Kunst finden. In früheren Jahren wurden Stickarbeiten hauptsächlich von den armen Leuten wegen des Nebenverdienstes ausgeführt. Gekauft und geschmückt hat sich damit die Oberschicht. Wenn sie gewußt hätte, welche Freude der letzte Deckstich macht, hätten sie wahrscheinlich selbst öfter zur Nadel gegriffen.

Jede Stickerei zeigt die Liebe zu dieser aufwendigen Handarbeit – eine Liebe, die eine/n Sticker/in niemals die Grund- und Deckstiche zählen läßt. Ich selbst habe lange Jahre von mir behauptet, nie eine Sticknadel in die Hand nehmen zu wollen, das sei mir viel zu langweilig, langwierig und überhaupt. Dann kam der Tag, an dem mir jemand eine Weihnachtsdecke zum Aussticken schenkte. Um diesen Jemand nicht zu enttäuschen, nahm ich dann doch die Sticknadel in die Hand und habe sie seit dieser Zeit nicht wieder weggelegt. Eine Stickerei ist eine zeitlose, wertvolle und dauerhafte Handarbeit, die auch nach Jahren noch neue Bewunderer findet.

Den Variationsmöglichkeiten sind praktisch keine Grenzen gesetzt. Ob als Tischdeckenverzierung, Bild, Shirtemblem, Handtuchborte, Tischband, Spandosenverschönerung, Paradetuch, Glückwunschkarte, Schürzenverzierung, Tischset, Serviette – in jeder Form ist eine Stickerei ein wunderbares Geschenk. Mit einer Stickarbeit verschenkt man nicht nur ein schönes Bild, eine Glückwunschkarte, ein Handtuch mit schöner Borte, sondern auch seine Gedanken, seine Kreativität, seine Zeit, seinen guten Geschmack, seine Zuneigung.

Diese Dinge stellen in der heutigen Zeit, in der fast alles zu kaufen ist, einen hohen Wert dar, denn sie sind nicht bezahlbar. Auch jeder des Stickens Unkundige erkennt, wieviel Mühe und eigentlich immer rare Zeit in dieser Arbeit stecken. Und wer besäße nicht gern ein kleines Kunstwerk aus einer garantiert limitierten Auflage.

Da es Ihnen – dem/der Sticker/in – überlassen ist, immer neue Variationen zu finden, neue Farben zu wählen, kann daraus auch ganz schnell ein Einzelstück werden.

Sie gestalten Ihre Arbeit selbst und können sie passend zu jeder Wohnungseinrichtung, zu jedem Kleidungsstück, zu jeder Kaffeetafel, für jeden Geschmack sticken.

Das Thema „Idyllisches Landleben" mag manchen von Ihnen angesichts unserer hektischen hochtechnisierten Welt vielleicht etwas nostalgisch erscheinen. Doch schauen Sie sich um, und Sie entdecken neue Häuser, neue Möbel im Landhausstil. Ein Stil, der ein bißchen die Sehnsucht nach Ruhe und Geborgenheit zeigt. Die Zeit läßt sich nicht zurückdrehen, und die Welt, in der wir leben, wird nicht weniger hektisch werden. Doch durch die Gestaltung unserer eigenen vier Wände können wir uns einen Ort schaffen, an dem wir uns wohlfühlen und Ruhe finden. Für mich gehören Stickbilder an eben diesen Wänden dazu. In diesem Sinne hoffe ich, Ihnen mit den Anregungen in diesem Buch etwas Freude zu bringen.

Viel Spaß wünscht Ihnen Ihre

Gabriele Jepsen

Kreuzstich-Kurzlehrgang

Für das gute Gelingen einer Kreuzsticharbeit benötigen Sie einmal eine stumpfe Sticknadel und Sticktwist, zum anderen einen Zählstoff, dessen Senkrecht- und Querfäden gleicher Anzahl ein Quadrat ergeben.

Arbeiten Sie sich Reihe für Reihe nach Stickschrift vor.

Der Grundstich wird von links unten nach rechts oben ausgeführt:

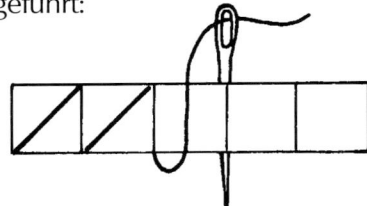

In der Rückreihe werden die Deckstiche von rechts unten nach links oben gearbeitet:

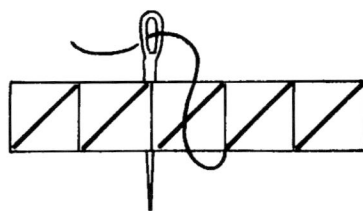

Bei senkrechten Reihen wird jedes Kreuz einzeln gestickt.

Die Fadenenden werden vernäht. Knoten sehen nicht nur auf der Rückseite schlecht aus, sie drücken sich auch durch und lassen die Fadenenden durchscheinen.

Ich empfehle, zweifädig zu sticken. Das Motiv erhält ein feineres Aussehen, und es erleichtert außerdem die Arbeit.

Bei vielen nachfolgenden Motiven wurde zusätzlich der Steppstich angewandt. Dieser Stich eignet sich sehr gut für Konturen oder zur Heraushebung von Einzelheiten.

Arbeiten Sie den Steppstich von rechts nach links über jeweils zwei Gewebefäden:

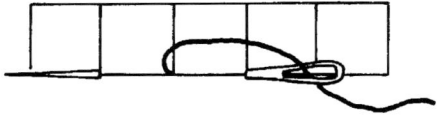

Material

In den einzelnen Arbeitsanweisungen finden Sie die jeweiligen Stoffbezeichnungen; die Größenangaben des Motivs beziehen sich auf die jeweilige Stoffbeschaffenheit. Verwenden Sie einen andersfädrigen Stoff, ändert sich damit auch die Bildgröße. Die Stickgarnfarben sind jeweils für die Garne „Anchor Sticktwist von Coats Mez" und für „DMC Garne" der Bremer Tapisserie-Werkstätten angegeben.

Herstellung von Passepartouts und Glückwunschkarten

Sie benötigen Tonpapier in der gewünschten Farbe, ein Lineal, Bastelmesser, Bleistift und eine feste Unterlage (z. B. eine Hartfaser- oder Sperrholzplatte).

Nehmen Sie die Glasplatte Ihres Bilderrahmens, und legen Sie sie auf das Tonpapier. Nun schneiden Sie mit dem Bastelmesser an den Kanten entlang.

Jetzt kommt eine kleine Rechenaufgabe auf Sie zu:
Seitenlänge des Passepartouts
minus Seitenlänge des Stickbildes
= Summe geteilt durch 2 = Randbreite
Zeichnen Sie sich nach diesem Prinzip den Bildausschnitt auf. Zum Ausschneiden nehmen Sie wieder die Glasplatte zur Hilfe.

Zur *Herstellung einer Karte* brauchen Sie zusätzlich einen Klebestift:

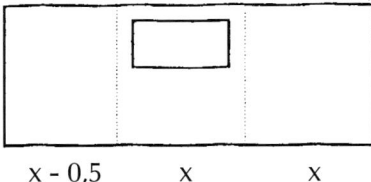

x – 0,5   x   x

Mittlere und rechte Seite (x) werden gleich groß abgemessen, das linke Drittel (x – 0,5) um 0,5 cm kürzer. An den bezeichneten Stellen knicken Sie das Tonpapier um. Der Bildausschnitt wird wie im Passepartout aus dem mittleren Drittel herausgetrennt. Passen Sie nun Ihr Motiv ein, und fixieren Sie es mit etwas Klebstoff.

Zum Schluß verteilen Sie – mit Ausnahme des Bildausschnitts – Klebstoff großflächig auf dem linken Drittel und klappen es um. Fertig!

Haus und Hof

Rendezvous am Gartenzaun

Die Hauptakteure dieses Bildes, die freilaufenden glücklichen Küken, sind schnell gestickt. Das Drumherum erfordert ein bißchen mehr Geduld.

Sticken Sie in folgender Reihenfolge: Rahmen, Harke, Gießkanne, Küken, Zaun, Ranke, und Sie haben die beste Übersicht.
Fertigmaß: 12,7 cm x 13 cm

Material
19 cm x 19 cm naturfarbenes Leinen (13 Gewebefäden = 1 cm), je 1 Dg. Sticktwist in cen Farben Dunkelgrün, Orange, Cremegelb, Braun, Blau, Weiß, Flieder und Gelb.
Arbeiten Sie nach Stickschrift von Seite 18 zweifädig über 2 x 2 Gewebefäden.

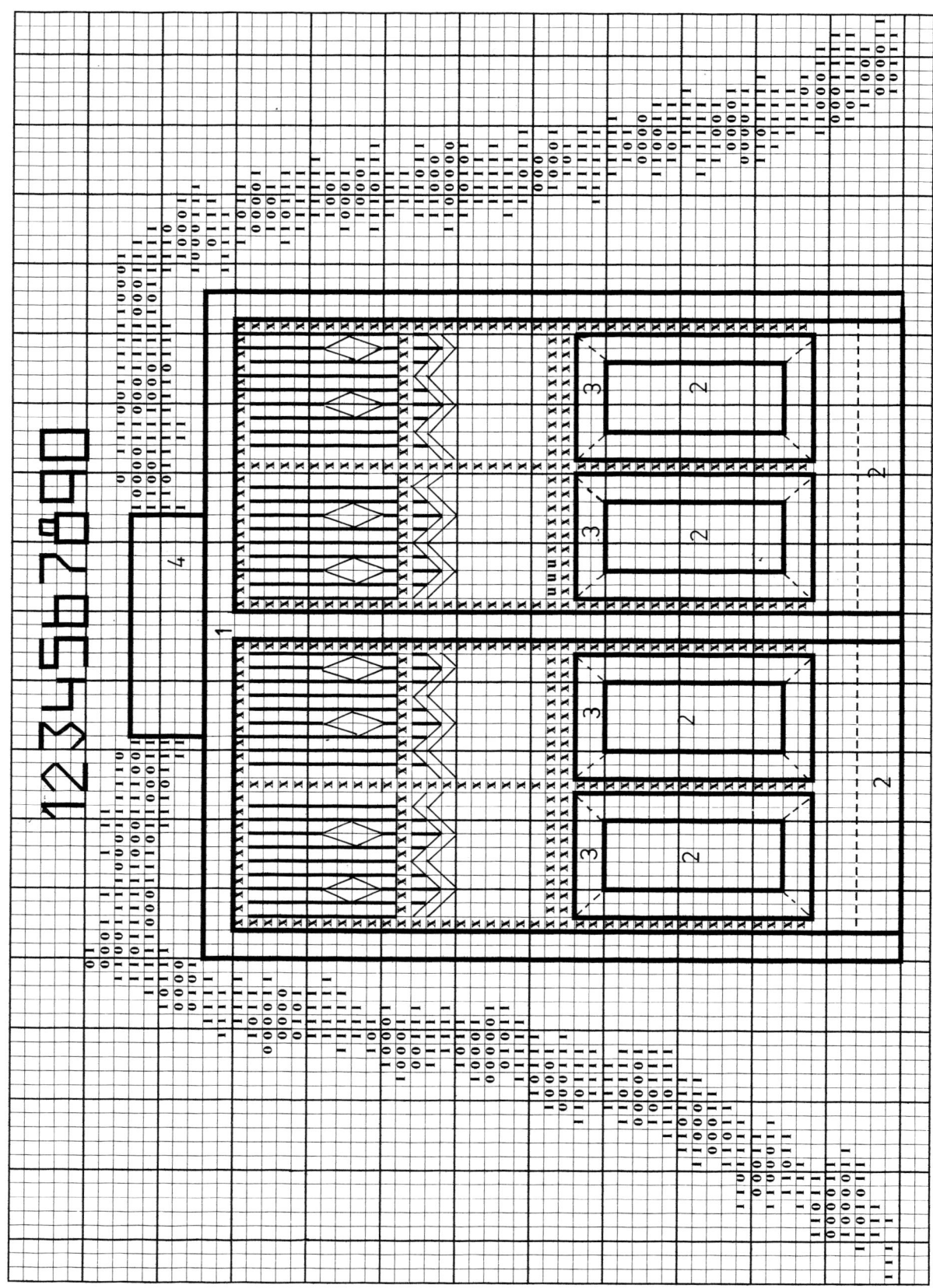

Die einladende Haustür

Die einladende Haustür

Auf dem Lande ist es Brauch, neue Nachbarn mit einem selbstgebundenen Kranz zu begrüßen. Für diesen alten Brauch benötigt man frische Blumen und viel Grün. Sie brauchen nur wenig Stoff und Garn und schaffen eine bleibende Erinnerung (siehe Herstellung von Passepartouts und Glückwunschkarten S. 8). In das miteinge-bundene Schild sticken Sie das Einzugsdatum. Möchten Sie sich selbst ein Stickbild schenken, lassen Sie das Schild weg und führen den Kranz durchgehend aus.
Fertigmaß: 20 cm x 11,7 cm

Material
26 cm x 19 cm weißes 10er Leinen (10 Gewebe-fäden = 1 cm), je 1 Dg. Sticktwist in den Farben Dunkelblau, Blau, Grau, Weiß, Gelb, Grün und Rosé.
Arbeiten Sie nach Stickschrift zweifädig über 2 x 2 Gewebefäden im Kreuzstich. Die Gardine stellen Sie durch Steppstich rosé dar; für den Steppstich innerhalb der weißen Türfüllung nehmen Sie die Farbe Jeansblau.

Zeichenerklärung:

	MEZ	DMC	
1 u. u =	Nr. 922	930	dunkelblau
2 u. x =	Nr. 146	798	jeansblau
3 =	Nr. 2	blanc-neige	weiß
4 =	Nr. 399	318	grau
o =	Nr. 297	726	gelb
l =	Nr. 860	522	grün
Steppst.	Nr. 970	316	rosé

11

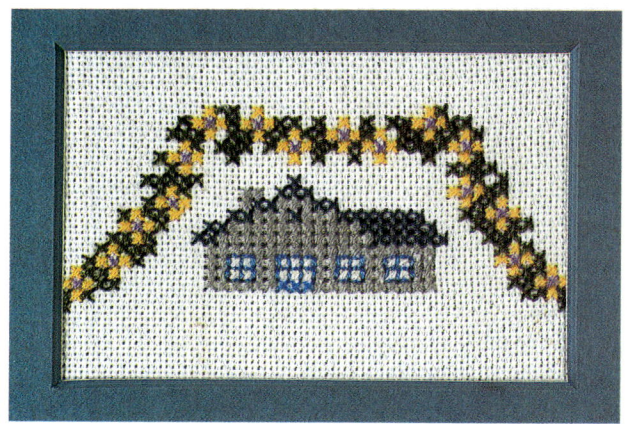

Haus mit Kranz

Schaffen Sie es nicht mehr, Ihren neuen Nachbarn „Die einladende Haustür" zu sticken? Dann entscheiden Sie sich doch für eines der beiden nächsten Motive. Sie sind nicht so groß und schneller gearbeitet. Da Ihre neuen Nachbarn „Die einladende Haustür" nicht kennen, werden Sie sich auch über ein kleineres Stickbild sehr freuen.
Fertigmaß: 9,6 cm x 4 cm

Material

14 x 9 cm weißes 10er Leinen (10 Gewebefäden = 1 cm), Sticktwist in den Farben Gelb, Dunkelblau, Flieder, Weiß, Blau, Grün und Grau.
Arbeiten Sie nach Stickschrift von Seite 14 zweifädig über 2 x 2 Gewebefäden. Die weißen Kreuzstiche werden allseitig in Jeansblau umsteppt.

Zeichenerklärung:

	MEZ	DMC	
1	= Nr. 398	415	grau
c	= Nr. 146	798	jeansblau
<	= Nr. 2	blanc-neige	weiß
x	= Nr. 922	930	dunkelblau
g	= Nr. 268	3346	grün
l	= Nr. 108	210	flieder
o	= Nr. 290	307	gelb

Haus mit Baum

Gefällt Ihnen dieses Haus noch besser? Oder ähnelt es sogar dem Neubau Ihrer Nachbarn?
Fertigmaß: 5,6 cm x 5,1 cm.
Stickschrift und Zeichenerklärung siehe Seite 16.

Material

10 x 10 cm weißes 10er Leinen, Sticktwist in den Farben Dunkelblau, Weiß, Jeansblau, Braun, Dunkelgrün, Grün und Hellblau. Arbeiten Sie zweifädig über 2 x 2 Gewebefäden. Die Tür und die Fenster werden in Jeansblau umsteppt.

Das sind ja schöne Aussichten

Nicht die Aussicht, sondern die Ansicht des Arrangements auf dieser Fensterbank macht dieses Bild erst interessant. Immer mehr findet man statt der gewohnten Blumenaufreihung kunstvoll gestaltete Stilleben – ein schöner neuer Trend.
Fertigmaß: 10,8 cm x 7,8 cm

Material

17 x 14 cm hellblaues 10er Leinen (10 Gewebefäden = 1cm), je 1 Dg. Sticktwist in den Farben Weiß, Jeansblau, Blau, Grün, Gelb, Dunkelblau, Hellblau und Lila.
Arbeiten Sie nach Stickschrift (S. 19) zweifädig über 2 x 2 Gewebefäden im Kreuzstich. Für die Gardine wenden Sie den Steppstich in der Farbe Weiß an.

Zeichenerklärung:

	MEZ	DMC	
x	= Nr. 146	798	jeansblau
l	= Nr. 939	340	blau
o	= Nr. 169	517	dunkelblau (türkis)
#	= Nr. 261	3364	grün
g	= Nr. 311	743	gelb
t	= Nr. 168	597	hellblau (türkis)
y	= Nr. 871	3041	lila
Steppst. Nr. 1		5200	weiß

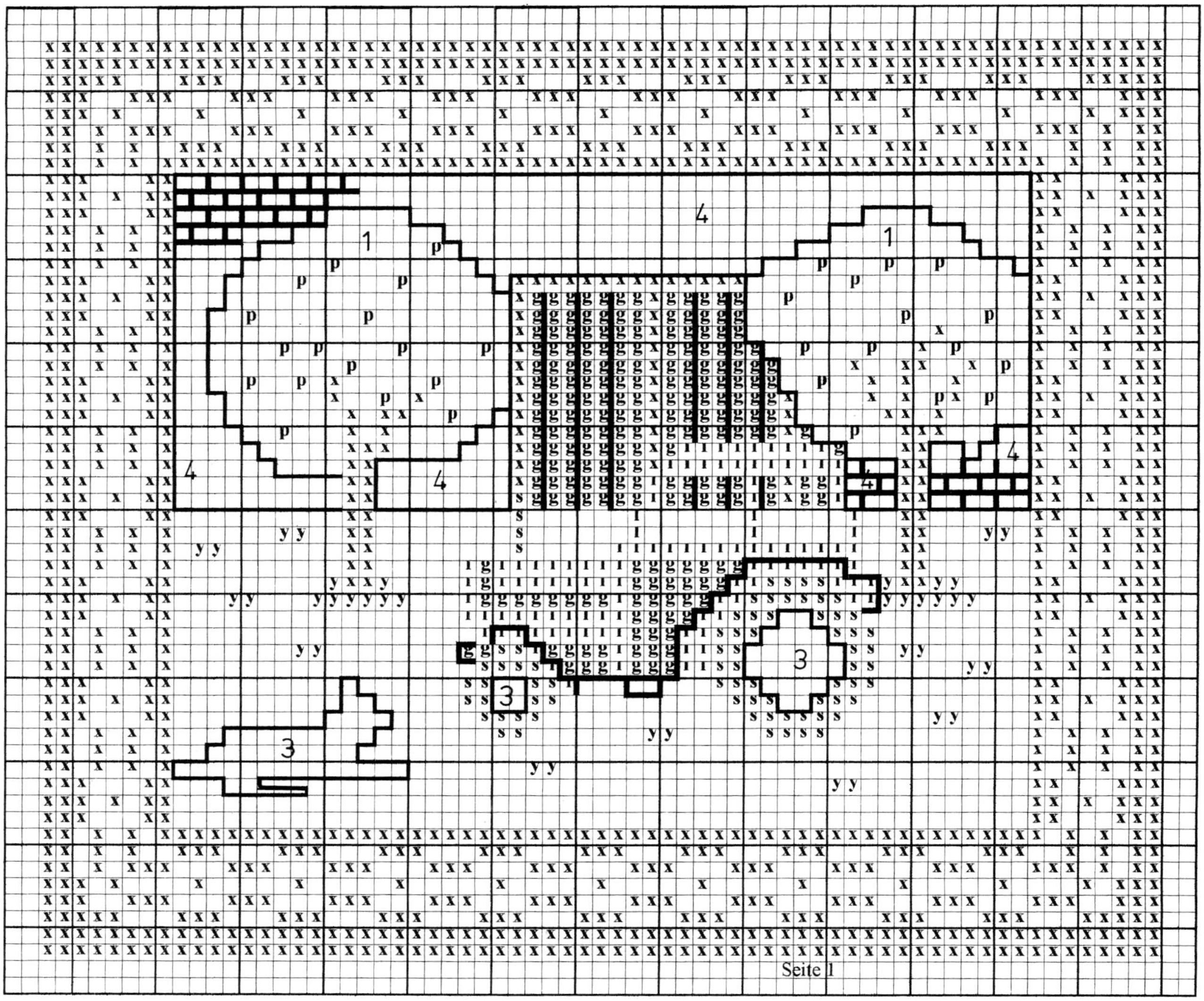

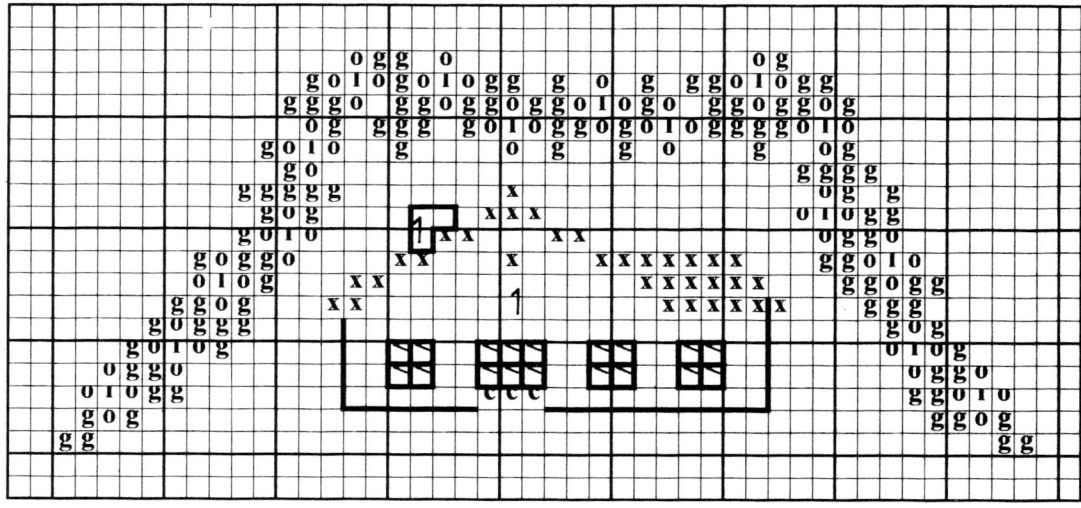

Vor der Scheune

Haus mit Kranz

Vor der Scheune

Mittags- oder Kaffeezeit? Das werden wir wohl nie erfahren. Gehen Sie mit der gleichen Ruhe, die dieses Bild ausstrahlt, an die Arbeit. Für die Umrandung können Sie wahlweise Grün, Blau oder Schwarz nehmen (in den angegebenen Farben). Fertigmaß: 13,2 cm x 10,3 cm

Material

19 x 16 cm naturfarbenes Leinen (13 Gewebefäden = 1 cm), je 1 Dg. Sticktwist in den Farben Grün, Schwarz, Grau, Dunkelbraun, Blau, Rotbraun und Rot.
Arbeiten Sie nach Stickschrift zweifädig über 2 x 2 Gewebefäden. Die Fugen des Mauerwerks sticken Sie in grauem Steppstich, wie in der Stickschrift oben links angezeigt, die Konturen des Treckers in Schwarz und die des Tores in Braun

Zeichenerklärung:

	MEZ	*DMC*	
1 u. y =	*Nr. 860*	*522*	*grün*
2 u. s =	*Nr. 403*	*310*	*schwarz*
4 =	*Nr. 339*	*356*	*rotbraun*
3 u. g =	*Nr. 900*	*3072*	*grau*
x =	*Nr. 905*	*3021*	*dunkelbraun*
l =	*Nr. 146*	*798*	*jeansblau*
p =	*Nr. 13*	*817*	*rot*

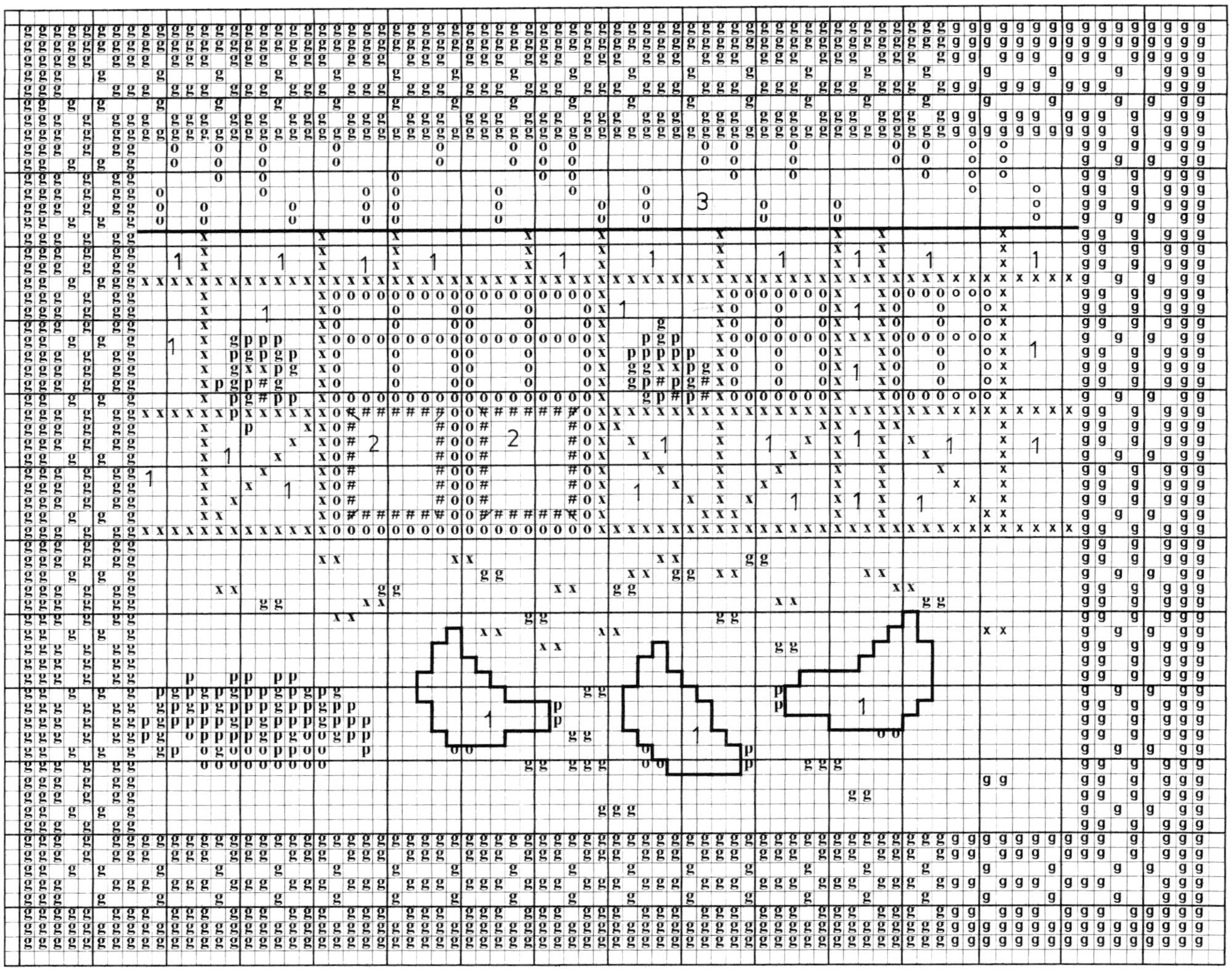

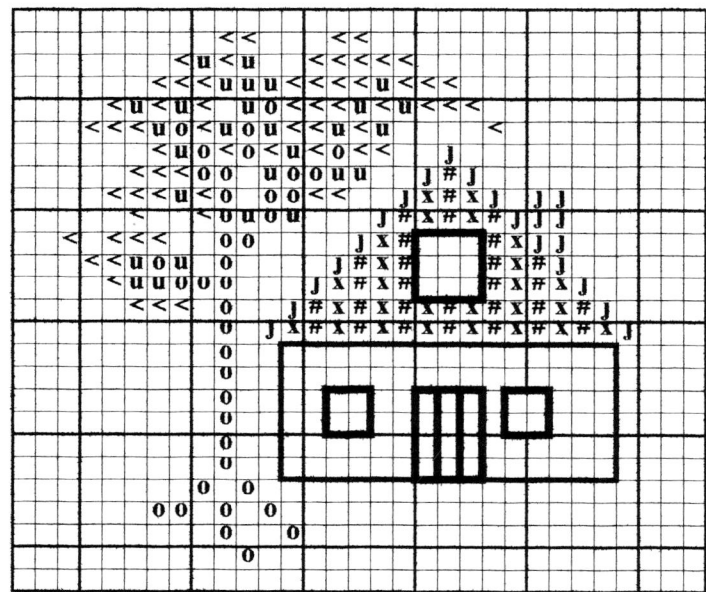

Hofidylle

Haus mit Baum

Zeichenerklärung:

	MEZ	DMC	
1 =	Nr. 2	blanc-neige	weiß
j =	Nr. 922	930	dunkelblau
x =	Nr. 146	798	jeansblau
# =	Nr. 117	341	hellblau
o =	Nr. 369	436	braun
u =	Nr. 860	522	dunkelgrün
< =	Nr. 267	3347	grün

Hofidylle

So manches Huhn wäre wohl neidisch beim An-
blick dieser drei freilaufenden Artgenossen. Und
so mancher Zeitgenosse wird wohl beim Betrach-
ten dieses Bildes an Urlaub auf dem Bauernhof
denken. Vielleicht nehmen Sie sich dieses Stickbild als Urlaubsbeschäftigung vor?
Fertigmaß: 13,2 cm x 10,3 cm

Material

19 x 16,5 cm naturfarbenes Leinen (13 Gewebe-
fäden = 1 cm), je 1 Dg. Sticktwist in den Farben
Weiß, Rehbraun, Dunkelbraun, Rot und Grün.
Arbeiten Sie nach Stickschrift zweifädig über 2 x 2
Gewebefäden im Kreuzstich. Die Leerfelder der
Umrandung füllen Sie mit Weiß aus.

Zeichenerklärung:

	MEZ	DMC	
1 u. # =	Nr. 2	blanc-neige	weiß
2 u. o =	Nr. 374	420	rehbraun
3 u. x =	Nr. 393	642	dunkelbraun
p =	Nr. 13	817	rot
g =	Nr. 216	320	grün

Rendezvous am Gartenzaun

Zeichenerklärung:

	MEZ	DMC			MEZ	DMC	
1 u. x =	Nr. 268	3346	dunkelgrün	y =	Nr. 304	741	orange
2 =	Nr. 779	926	blau	o =	Nr. 301	745	cremegelb
3 =	Nr. 290	307	gelb	b =	Nr. 374	420	braun
4 u. c =	Nr. 2	blanc-neige	weiß	v =	Nr. 96	554	flieder

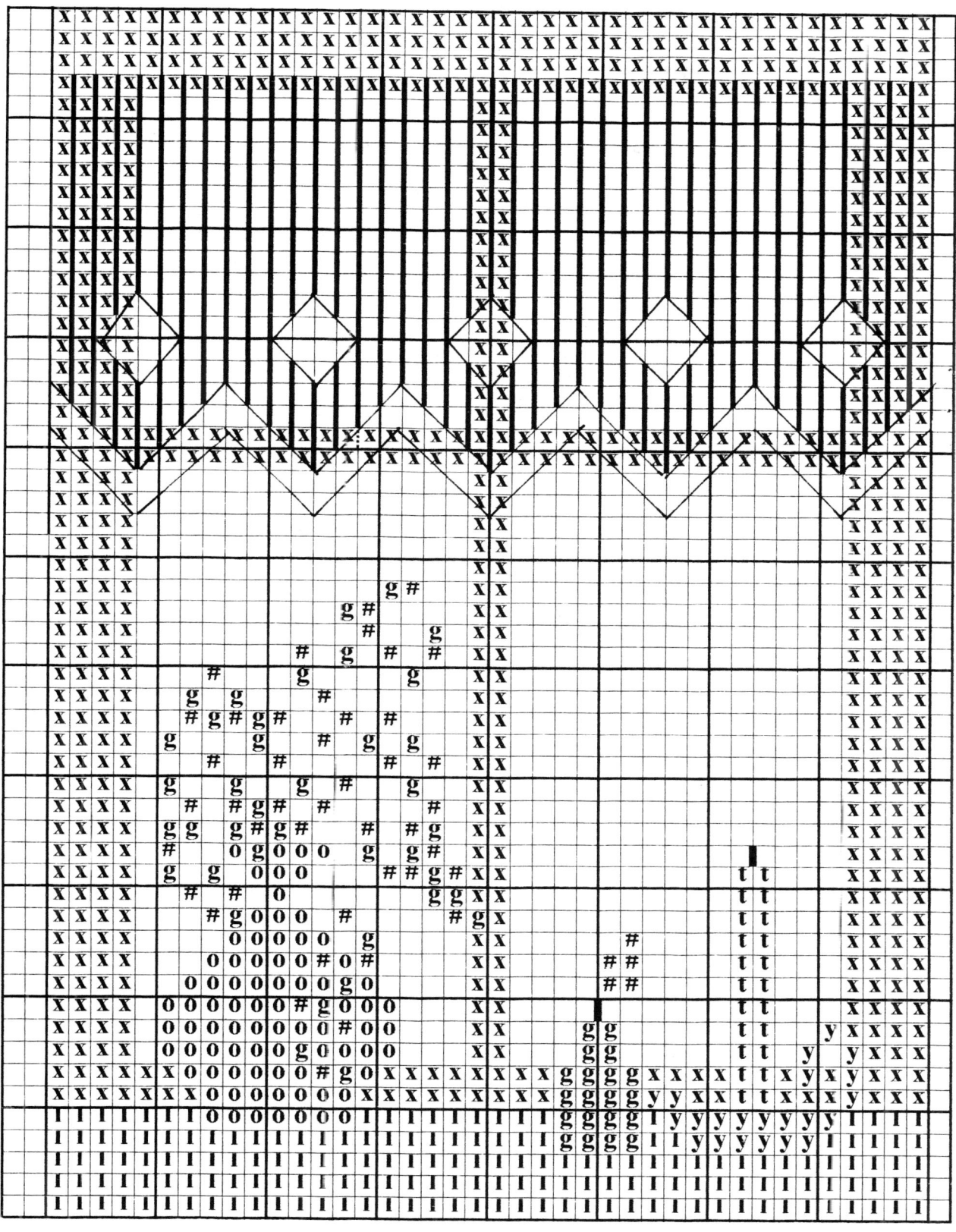

Das sind ja schöne Aussichten

Bauernmädchen und Bauernjungen

Alle Agrarökonomen mögen obige Überschrift verzeihen, doch der Ausdruck „Bauer" wird umgangssprachlich wohl noch einige Zeit geläufig sein. Als ebenso zeitlos und schön können wohl die folgenden Motive bezeichnet werden.
Den Stickrand, das Passepartout und den Rahmen sollten Sie farbmäßig nach Ihrem Geschmack beziehungsweise Wohnstil gestalten.
Aus übersichtlichen Gründen ist jede Farbe der zehn Bilder nur mit einer Nummer beziehungsweise einem Zeichen belegt.
Das erleichtert den fleißigen Stickerinnen die Arbeit, die noch eine große freie Wand zur Verfügung haben. Ist diese Wand nicht vorhanden – sticken Sie also nur eines oder wenige der Motive –, können Sie problemlos für einige angegebene Farben Restgarn verwenden. Die Farbe Nr. 19/Nr. 326 wird beispielsweise oftmals nur für den Mund gebraucht, ebenso die Farbe Nr. 146/Nr. 798 für die Augen und Nr. 369/Nr. 436 für die Konturen. Das Fertigmaß und die Materialangabe gilt für alle Beispiele dieses Kapitels.
Fertigmaß: 17 cm x 29 cm

Material
Bild: 23 x 35 cm weißes 10er Leinen (10 Gewebefäden = 1 cm) und das entsprechende Garn wie bei den einzelnen Motiven angegeben.

Christine

… ist eines der hübschesten Bauernmädchen. Anmutig hält sie ihre Blume in die Höhe.
Sie benötigen je 1 Dg. Sticktwist in den Farben Grün, Apfelgrün, Haut, Dunkelgrün, Beige, Rot, Sonnengelb, Jeansblau, Gold, Rosé und Hellbraun.
Den eingezeichneten Steppstich arbeiten Sie wie folgt:
Blume außen in Apfelgrün, Blume innen in Sonnengelb, Hände und Arm in Hellbraun und die Schürze in Dunkelgrün.

Zeichenerklärung:

	MEZ	DMC			MEZ	DMC	
1 u. x	= Nr. 214	368	grün	13 u. e	= Nr. 387	712	beige
2 u. g	= Nr. 268	3346	apfelgrün	14 u. c	= Nr. 19	326	rot
7 u. a	= Nr. 146	798	jeansblau	15 u. s	= Nr. 297	726	sonnengelb
9 u. p	= Nr. 4146	754	haut	22	= Nr. 306	725	gold
11 u. #	= Nr. 10	352	rosé	Steppst.	Nr. 369	436	hellbraun
12 u. o	= Nr. 876	502	dunkelgrün				

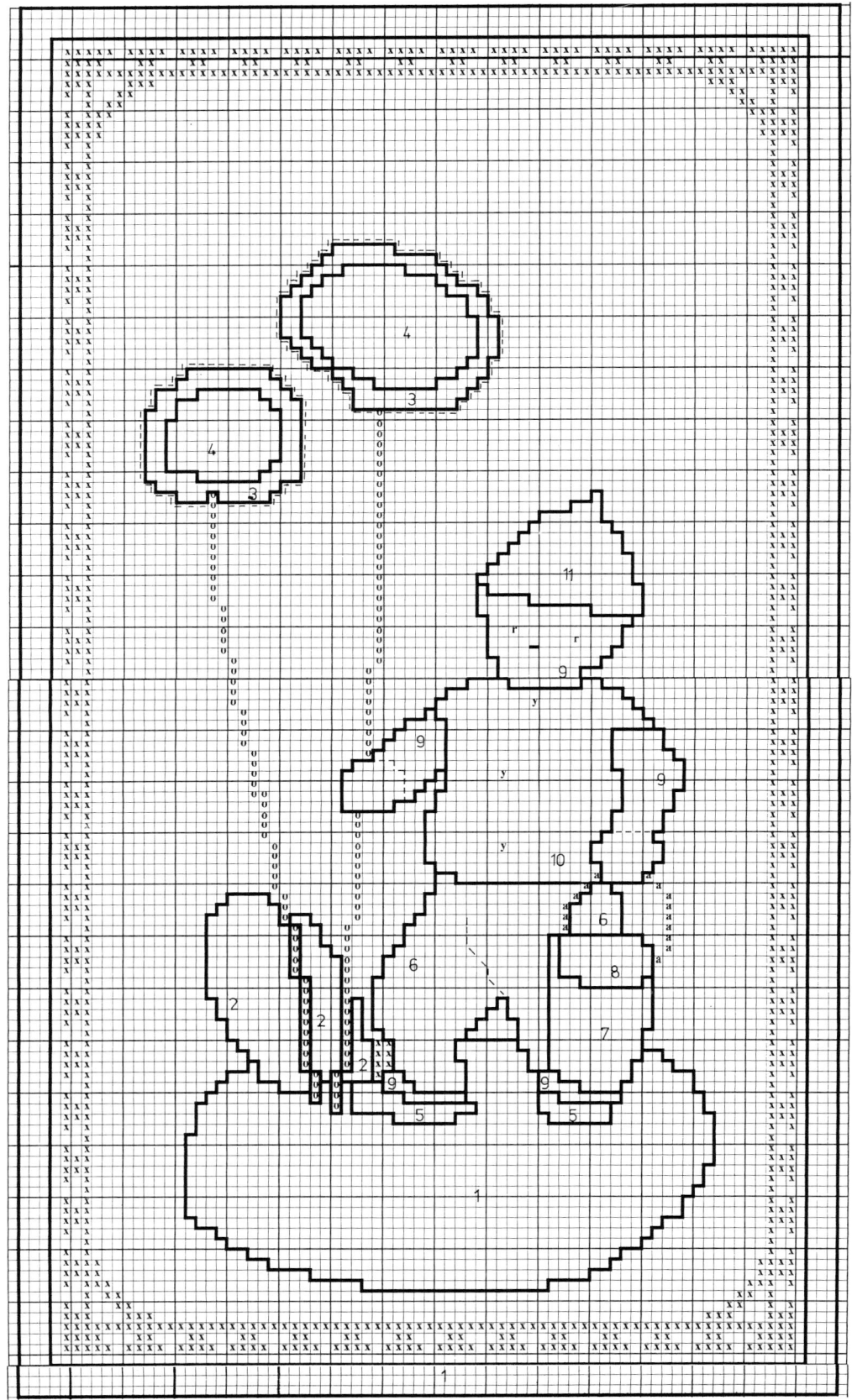

Daniel

Daniel

... kann nichts erschüttern. Er geht jetzt Blumen gießen.

Gebraucht wird je 1 Dg. Sticktwist in den Farben Grün, Apfelgrün, Weiß, Gelb, Schwarz, Anthrazit, Blau, Braun, Haut, Grau, Rosé, Dunkelgrün, Hellbraun und Rosé dunkel .

Arbeiten Sie nach Stickschrift zweifädig über 2 x 2 Gewebefäden im Kreuzstich. Den eingezeichneten Steppstich an Arm und Nase sticken Sie in Hellbraun, an der Hose in Schwarz und um die Blüten herum in dunklem Rosé.

Zeichenerklärung:

	MEZ	DMC	
1 u. x =	Nr. 214	368	grün
2 u. g =	Nr. 268	3346	apfelgrün
3 u. u =	Nr. 2	blanc-neige	weiß
4 =	Nr. 293	727	gelb
5 =	Nr. 403	310	schwarz
6 u. y =	Nr. 400	317	anthrazit
7 =	Nr. 146	798	jeansblau
8 u. b =	Nr. 393	642	braun
9 u. p =	Nr. 4146	754	haut

10 =	Nr. 397	3024	grau
11 u. # =	Nr. 10	352	rosé
12 u. o =	Nr. 876	502	dunkelgrün
Steppst.	Nr. 369	436	hellbraun
Steppst.	Nr. 895	223	rosé dunkel

Marie

... hat eine echte Schlüsselblume gefunden. Schlüsselblumen findet man – leider nicht sehr oft – teppichartig in lichten Wäldern.

Nehmen Sie je 1 Dg. Sticktwist in den Farben Grün, Weiß, Jeansblau, Rosé, Haut, Rot, Sonnengelb, Grün/Oliv, Hellbraun, Gold, Hellblau und Hellgelb.

Arbeiten Sie nach Stickschrift zweifädig über 2 x 2 Gewebefäden. Die Konturen der Hände sticken Sie in hellbraunem Steppstich.

Die Stickschrift mit Zeichenerklärung sehen Sie auf Seite 35.

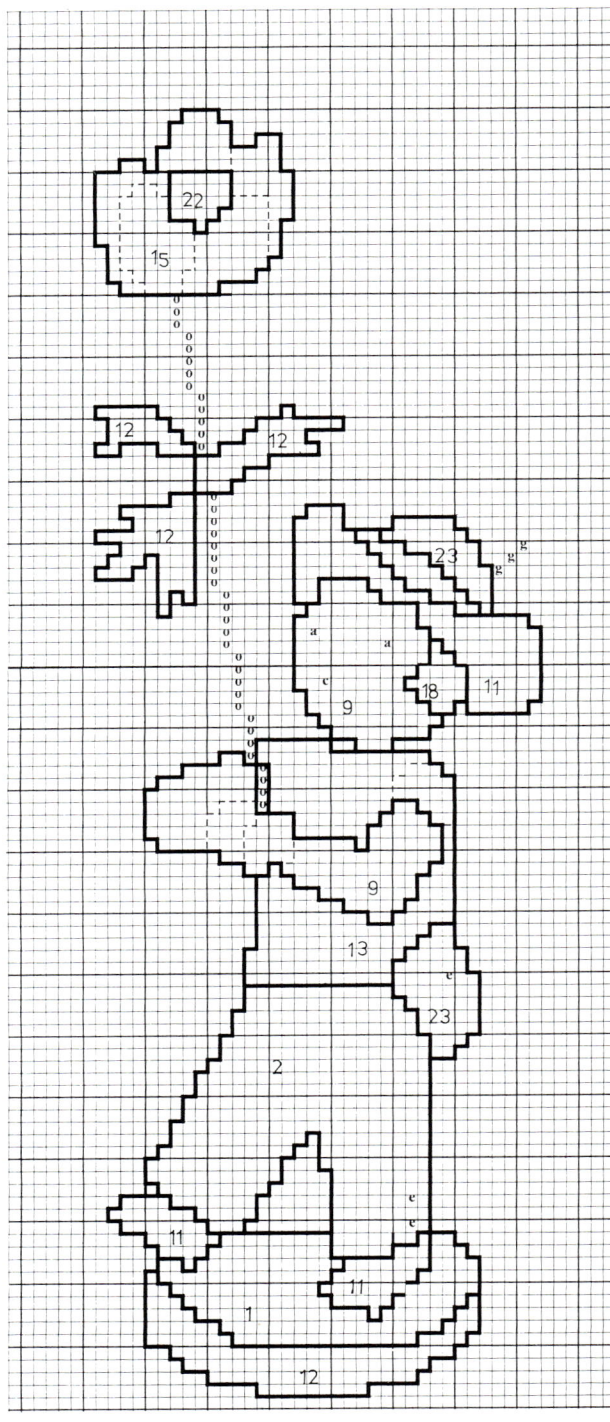

Hannes

... trägt einen Ranunculus acer. Dieser abenteuer-
liche Name bedeutet nichts anderes als „Scharfer
Hahnenfuß". Und unter diesem Namen ist Ihnen
diese Pflanze wahrscheinlich auch bekannt.

Durch seine Größe von fast einem Meter und sei-
ner leuchtenden Farbe ist er auf Wiesen leicht zu
finden.
Erforderlich sind je 1 Dg. Sticktwist in den Farben
Grün, Apfelgrün, Jeansblau, Haut, Rosé, Dunkel-
grün, Beige, Rot, Sonnengelb, Hellbraun, Gold,
Hellrot.
Arbeiten Sie im Steppstich zweifädig über 2 x 2
Gewebefäden. Für den Steppstich für Hände und
Ärmel nehmen Sie Hellbraun und für die Blüten-
mitte Gold.

Zeichenerklärung:

	MEZ	DMC	
1 u. x	= Nr. 214	368	grün
2 u. g	= Nr. 268	3346	apfelgrün
7 u. a	= Nr. 146	798	jeansblau
9 u. p	= Nr. 4146	754	haut
11 u. #	= Nr. 10	352	rosé
12 u. o	= Nr. 876	502	dunkelgrün
13 u. e	= Nr. 387	712	beige
14 u. c	= Nr. 19	326	rot
15 u. s	= Nr. 297	726	sonnengelb
18	= Nr. 369	436	hellbraun
22	= Nr. 306	725	gold
23	= Nr. 335	606	hellrot

Nehmen Sie je 1 Dg. Sticktwist in den Farben Grün, Blau, Haut, Rosé, Dunkelgrün, Beige, Sonnengelb, Rot, Hellgrün, Weiß und Hellbraun. Arbeiten Sie nach Stickschrift zweifädig über 2 x 2 Gewebefäden im Kreuzstich. Im Steppstich sticken Sie: die Hände in Hellbraun und Ärmel in Rosé, die Stiele der Blüten in Grün und den unteren Rand der oberen Blüten in Sonnengelb.

Zeichenerklärung:

	MEZ	DMC	
1 u. x	= Nr. 214	368	grün
3 u. u	= Nr. 2	blanc-neige	weiß
7 u. a	= Nr. 146	798	jeansblau
9 u. p	= Nr. 4146	754	haut
11 u. #	= Nr. 10	352	rosé
12 u. o	= Nr. 876	502	dunkelgrün
13 u. e	= Nr. 387	712	beige
14 u. c	= Nr. 19	326	rot
15 u. s	= Nr. 297	726	sonnengelb
17 u. v	= Nr. 256	906	hellgrün
18	= Nr. 369	436	hellbraun

Jule

... hält einen Maiglöckchenstengel in der Hand. So süß der Duft des Maiglöckchens ist, so giftig sind auch alle Teile dieser Pflanze. Andererseits wird dieses Gift in der Medizin für Herz-Kreislauf-Mittel genutzt.

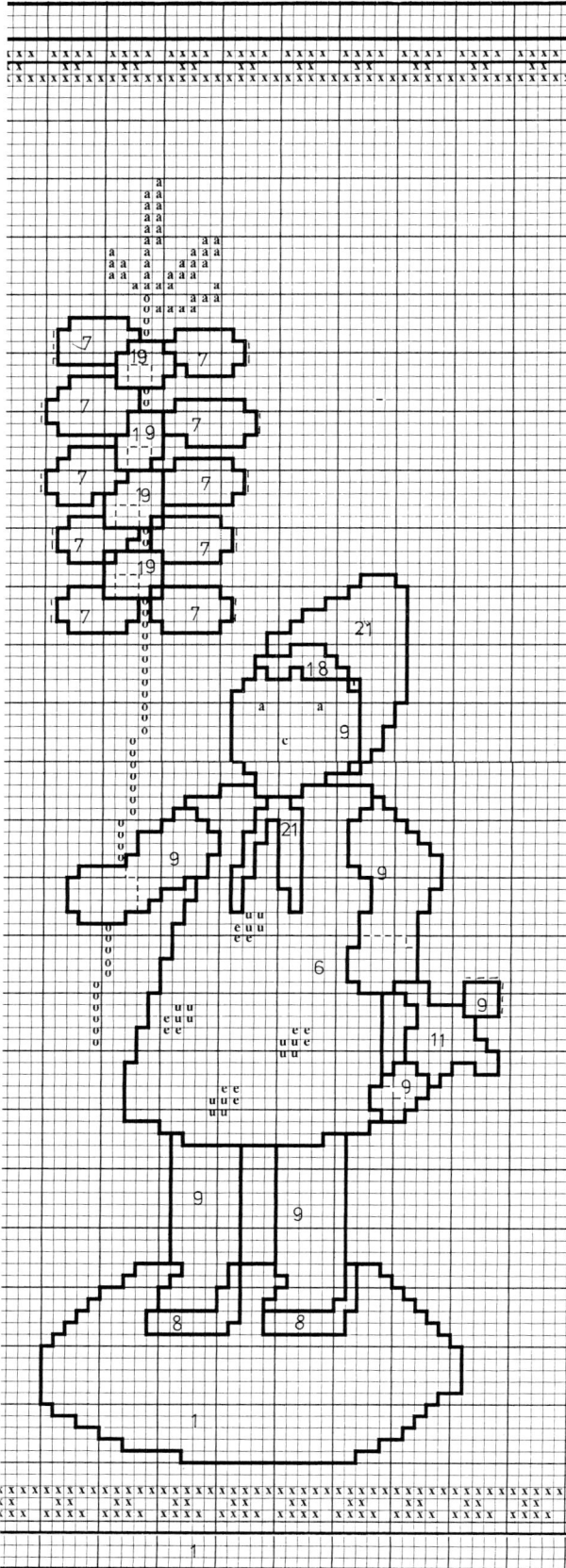

Charlotte

... hat eine Perlhyazinthe in der Hand. Im Frühjahr bringen die Perlhyazinthen die schönsten Farbflecken in die Steingärten.

Sie brauchen je 1 Dg. Sticktwist in den Farben Grün, Weiß, Anthrazit, Blau, Braun, Haut, Rosé, Dunkelgrün, Beige, Rot, Hellbraun, Jeansblau und Orangegelb.

Arbeiten Sie nach Stickschrift zweifädig über 2 x 2 Gewebefäden im Kreuzstich. Der eingezeichnete Steppstich an den Händen und der Puppe wird in Hellbraun gearbeitet, innerhalb der Blüten in Weiß und außerhalb der Blüten in Dunkelblau.

Zeichenerklärung:

	MEZ	DMC	
1 u. x	= Nr. 214	368	grün
3 u. u	= Nr. 2	blanc-neige	weiß
6 u. y	= Nr. 400	317	anthrazit
7 u. a	= Nr. 146	798	jeansblau
8 u. b	= Nr. 393	642	braun
9 u. p	= Nr. 4146	754	haut
11 u. #	= Nr. 10	352	rosé
12 u. o	= Nr. 876	502	dunkelgrün
13 u. e	= Nr. 387	712	beige
14 u. c	= Nr. 19	326	rot
18 u. r	= Nr. 369	436	hellbraun
19	= Nr. 143	798	blau
21	= Nr. 311	743	orangegelb

Sven

... sieht kernig aus in seiner kurzen Hose.
Sie benötigen je 1 Dg. Sticktwist in den Farben
Grün, Weiß, Blau, Haut, Rosé, Dunkelgrün, Beige,
Rot, Sonnengelb, Grün/Oliv, Hellgrün und Hell-
braun.
Arbeiten Sie nach Stickschrift von Seite 31 zwei-
fädig über 2 x 2 Gewebefäden. Jedes Blütenblatt
wird sonnengelb im Steppstich umrandet, das
Muster des Pullovers in Rosé gearbeitet und die
Konturen an Händen und Füßen in Hellbraun.

Zeichenerklärung:

	MEZ	DMC	
1 u. x	= Nr. 214	368	*grün*
3 u. u	= Nr. 2	blanc-neige	*weiß*
7 u. a	= Nr. 146	798	*jeansblau*
9 u. p	= Nr. 4146	754	*haut*
11 u. #	= Nr. 10	352	*rosé*
12 u. o	= Nr. 876	502	*dunkelgrün*
13 u. e	= Nr. 387	712	*beige*
14 u. c	= Nr. 19	326	*rot*
15 u. s	= Nr. 297	726	*sonnengelb*
16 u. z	= Nr. 267	3347	*grün/oliv*
17 u. v	= Nr. 256	906	*hellgrün*
Steppst.	Nr. 369	436	*hellbraun*

Henning

... hat sein Weidenkätzchen natürlich im eigenen
Garten gepflückt. Auf wildwachsende Kätzchen
sollte man in seinem Osterstrauß verzichten. Sie
stehen unter Naturschutz.
Nehmen Sie je 1 Dg. Sticktwist in den Farben
Grün, Weiß, Jeansblau, Braun, Haut, Beige, Rot,
Hellgelb und Grau.
Arbeiten Sie nach Stickschrift von Seite 30 zweifädig über 2 x 2 Gewebefäden. Die Mantelnaht
wird in braunem Steppstich dargestellt, ebenso
die Umrandung der Weidenkätzchen.

Zeichenerklärung:

	MEZ	DMC	
1 u. x	= Nr. 214	368	*grün*
3 u. u	= Nr. 2	blanc-neige	*weiß*
7 u. a	= Nr. 146	798	*jeansblau*
8 u. b	= Nr. 393	642	*braun*
9 u. p	= Nr. 4146	754	*haut*
13 u. e	= Nr. 387	712	*beige*
14 u. c	= Nr. 19	326	*rot*
25	= Nr. 292	3078	*hellgelb*
26	= Nr. 399	318	*grau*

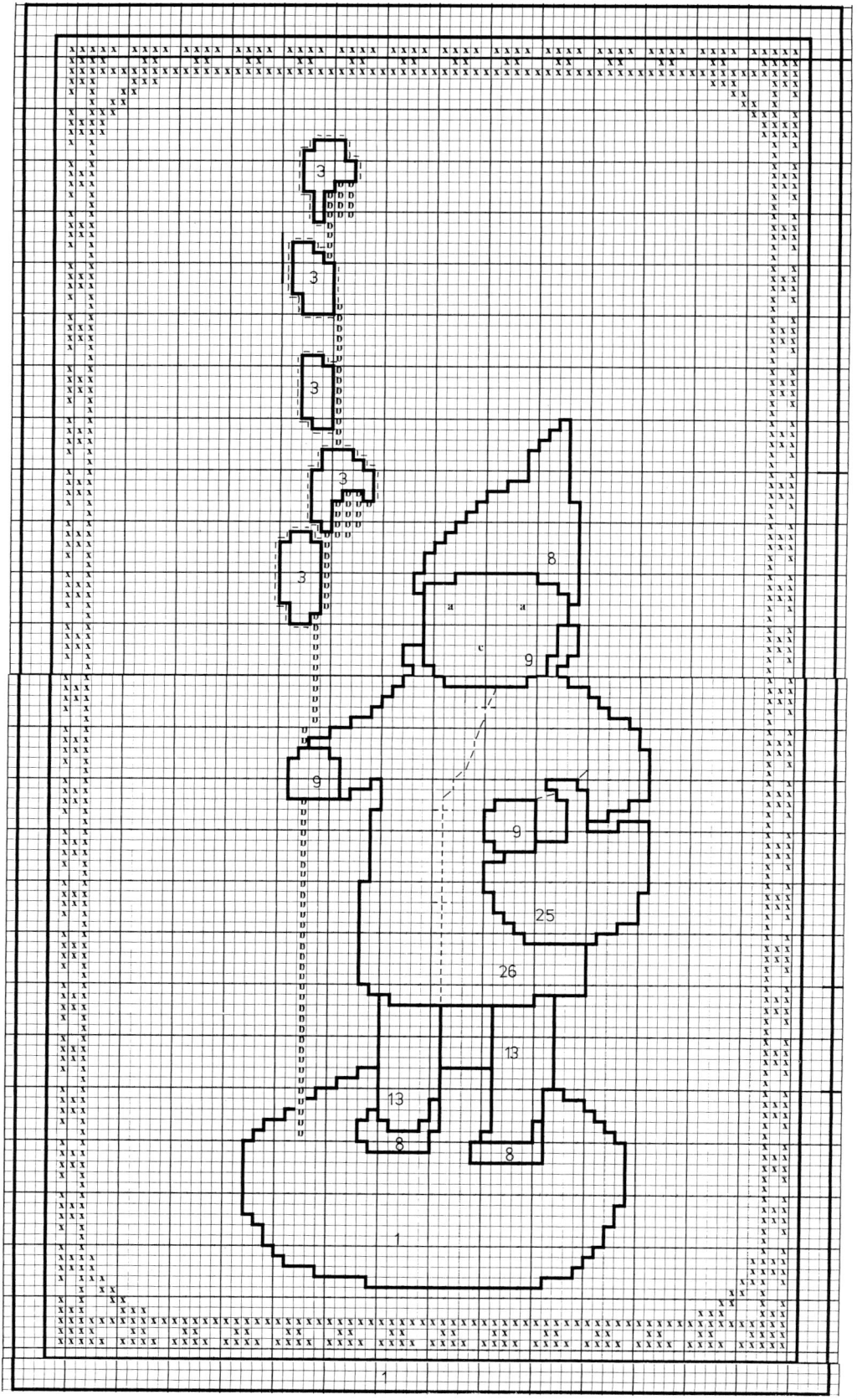

Henning

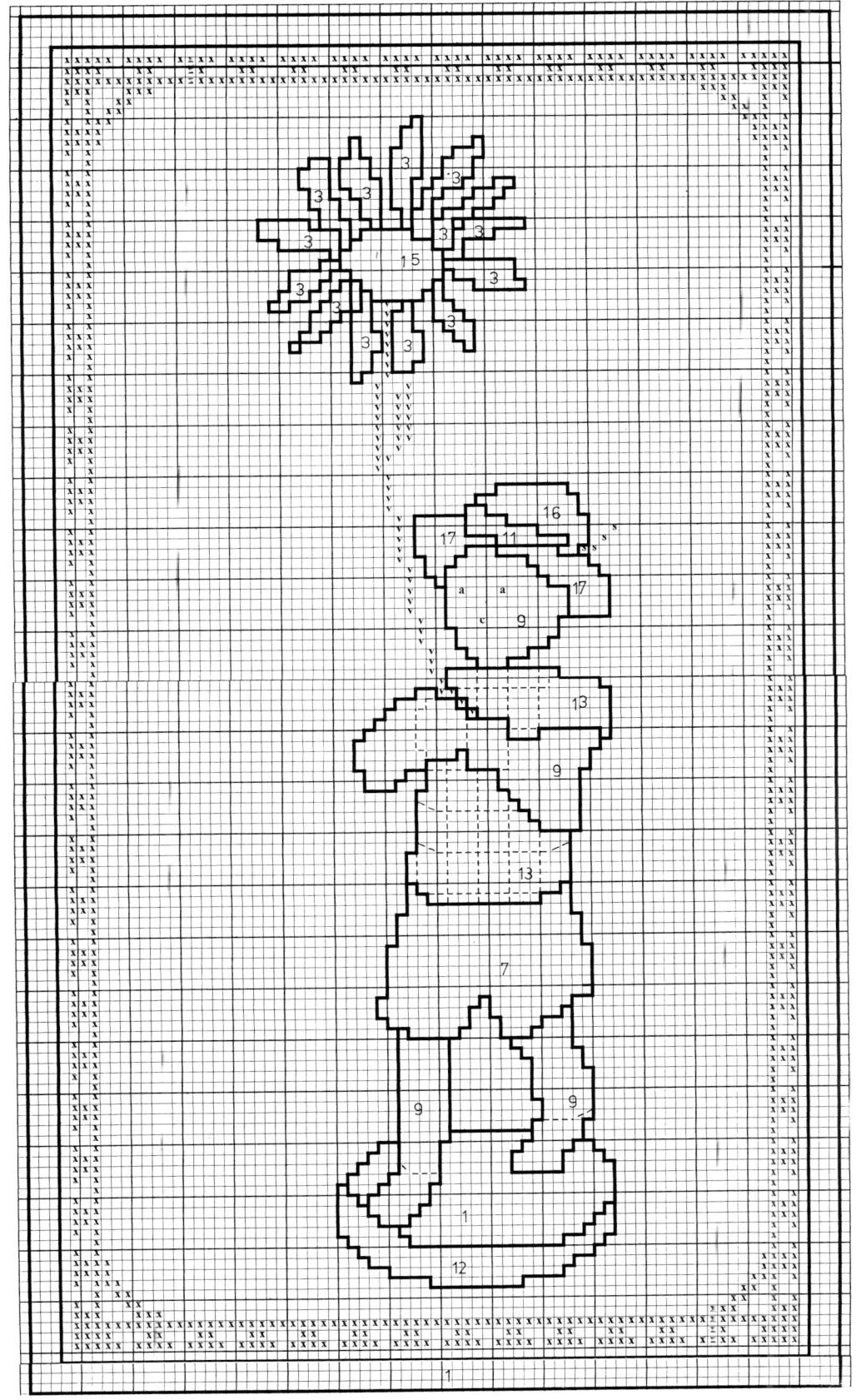

Sven

Käthe

Käthe

... hält ein „Tränendes Herz", eine Rabattenstaude, die nicht nur in einem Bauerngarten gut aussieht. Sie brauchen je 1 Dg. Sticktwist in den Farben Grün, Weiß, Blau, Haut, Rosé, Dunkelgrün, Beige, Rot, Sonnengelb, Grün und Dunkelbraun.
Arbeiten Sie nach Stickschrift zweifädig über 2 x 2 Gewebefäden. Im Haarkranz wird jede Blüte im Steppstich mit Rot umrandet. Den unteren Teil der „Tränenden Herzen" umstepen Sie in Rosé.

Zeichenerklärung:

	MEZ	DMC	
1 u. x	= Nr. 214	368	grün
3 u. u	= Nr. 2	blanc-neige	weiß
7 u. a	= Nr. 146	798	jeansblau
9 u. p	= Nr. 4146	754	haut
11 u. #	= Nr. 10	352	rosé
12 u. o	= Nr. 876	502	dunkelgrün
13 u. e	= Nr. 387	712	beige
14 u. c	= Nr. 19	326	rot
15 u. s	= Nr. 297	726	sonnengelb
17 u. v	= Nr. 256	906	hellgrün
27 u. l	= Nr. 380	938	dunkelbraun

Bertha

Sie ist die letzte im Bunde der Blumenkinder und wird in folgenden Farben gestickt: je 1 Dg. Sticktwist Grün, Rose, Jeansblau, Haut, Dunkelgrün, Beige, Rot, Hellbraun, Orangegelb, Gold und Hellblau.
Arbeiten Sie nach Stickschrift (S. 34) zweifädig über 2 x 2 Gewebefäden. Den eingezeichneten Steppstich innerhalb der Bluse sticken Sie in Jeansblau, die Konturen der Hände in Hellbraun.

Zeichenerklärung:

	MEZ	DMC	
1 u. x	= Nr. 214	368	grün
7 u. a	= Nr. 146	798	jeansblau
9 u. p	= Nr. 4146	754	haut
11 u. #	= Nr. 10	352	rosé
12 u. o	= Nr. 876	502	dunkelgrün
13 u. e	= Nr. 387	712	beige
14 u. c	= Nr. 19	326	rot
18	= Nr. 369	436	hellbraun
21	= Nr. 311	743	orangegelb
22	= Nr. 306	725	gold
24 u. h	= Nr. 120	775	hellblau

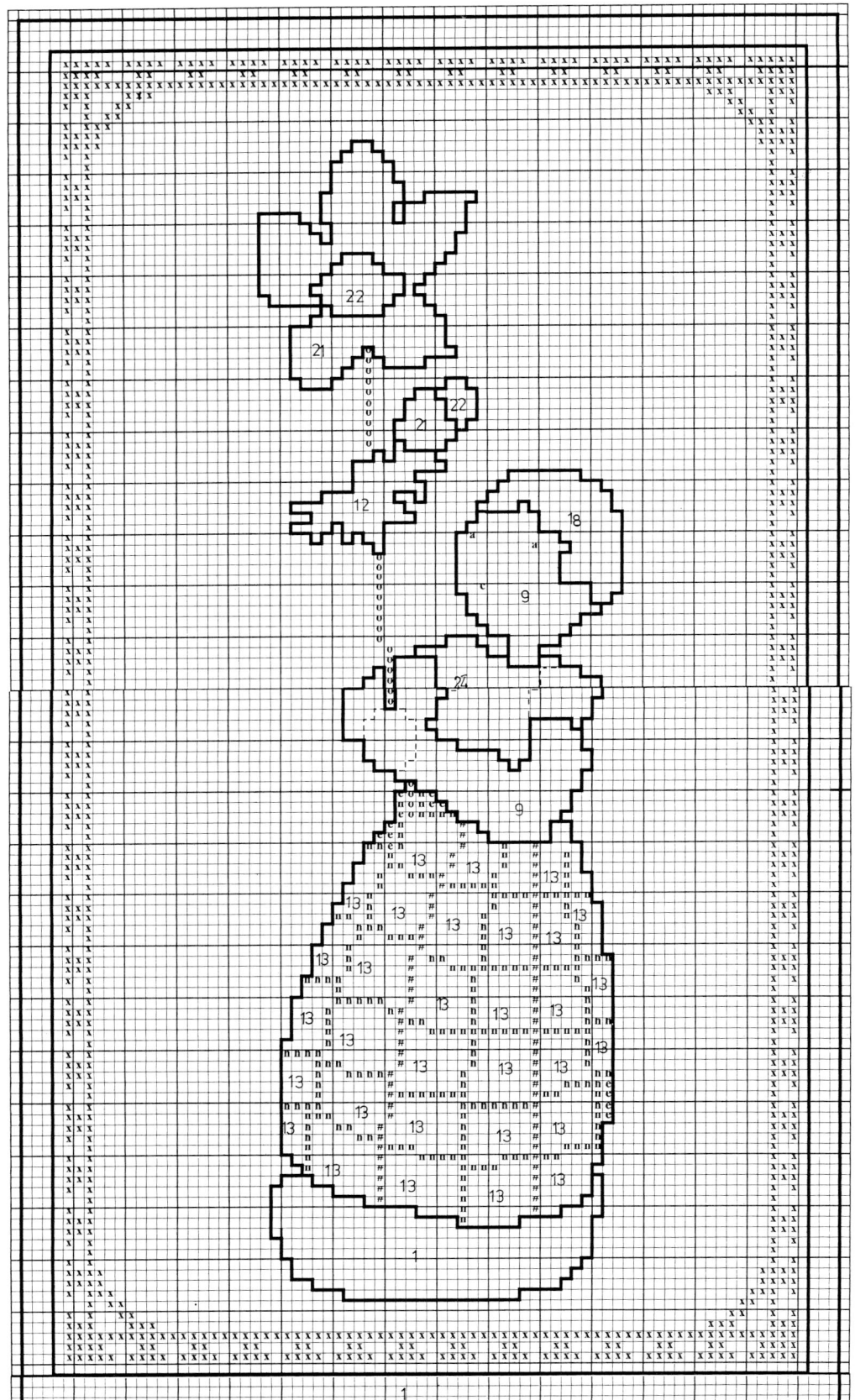

Bertha

Marie

Zeichenerklärung:

	MEZ	DMC			MEZ	DMC	
1 u. x	= Nr. 214	368	grün	15 u. s	= Nr. 297	726	sonnengelb
3 u. u	= Nr. 2	blanc-neige	weiß	16 u. z	= Nr. 267	3347	grün/oliv
7 u. a.	= Nr. 146	798	jeansblau	22	= Nr. 306	725	gold
9 u. p	= Nr. 4146	754	haut	24 u. h	= Nr. 120	775	hellblau
11 u. #	= Nr. 10	352	rosé	25	= Nr. 292	3078	hellgelb
14 u. c	= Nr. 19	326	rot	Steppst.	Nr. 369	436	hellbraun

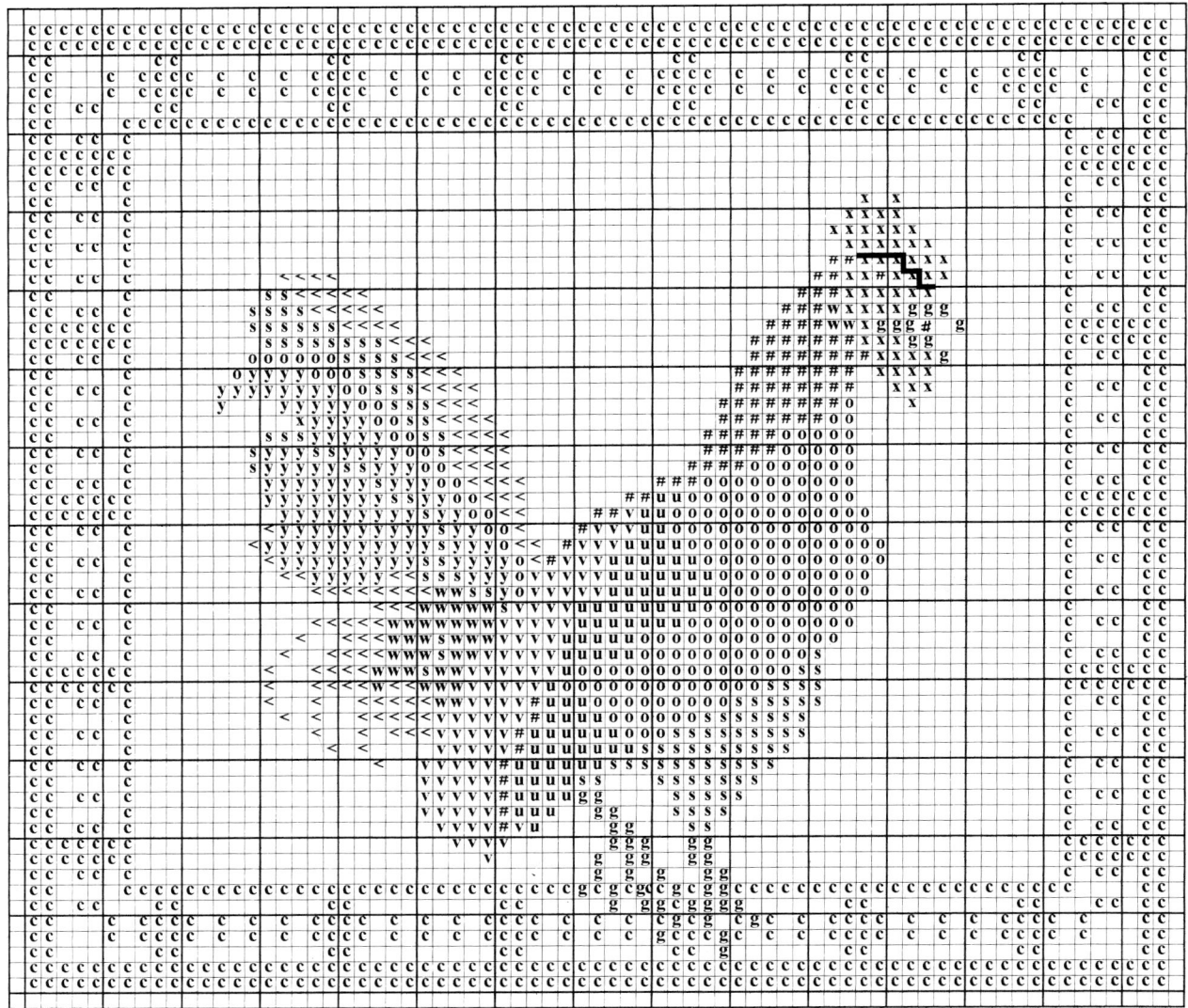

Tiere auf dem Bauernhof

Das geliebte Federvieh...
scharrend, pickend ziehen sie
ihre Runde. Welch' ein Spaß.

Ein Wurm hatte nicht aufgepaßt.
Er machte sich noch einmal krumm
und dachte sich, ...ach wie dumm.

Die Bäuerin sah zufrieden auf sie
...auf ihr geliebtes Federvieh.
Und es kam, wie's kommen mußte.

Ach, du leck're Hähnchenkruste.
Er machte den Hals noch einmal krumm
und dachte sich, ...ach wie dumm.

Gockel Frederic

Zu einem Bauernhof gehört unbedingt ein Hahn. Farbenprächtig und stolz erhobenen Hauptes verteidigt er Hof und Hennen. Mit genau diesem wichtigen Gehabe kommt unser Frederic auf uns zu und sprengt den Rahmen.
Fertigmaß: 15,5 cm x 19,5 cm

Material
22 x 26 cm weißes 10er Leinen (10 Gewebefäden = 1 cm), je 1 Dg. Sticktwist in den Farben Weiß, Braun, Hellblau/Türkis, Tannengrün, Schwarz, Gold, Dunkelblau/Türkis, Hellbraun, Dunkelbraun, Rot und Grün.

Arbeiten Sie nach Stickschrift zweifädig über 2 x 2 Gewebefäden. Am Kopf wenden Sie den Steppstich, wie eingezeichnet, in Dunkelbraun an.

Zeichenerklärung:

	MEZ	DMC	
w	= Nr. 2	blanc-neige	weiß
u	= Nr. 393	642	braun
o	= Nr. 169	517	dunkelblau/türkis
y	= Nr. 168	597	hellblau/türkis
<	= Nr. 879	500	tannengrün
v	= Nr. 374	420	hellbraun
s	= Nr. 403	310	schwarz
g	= Nr. 306	725	gold
#	= Nr. 381	3371	dunkelbraun
x	= Nr. 13	817	rot
c	= Nr. 268	3346	grün

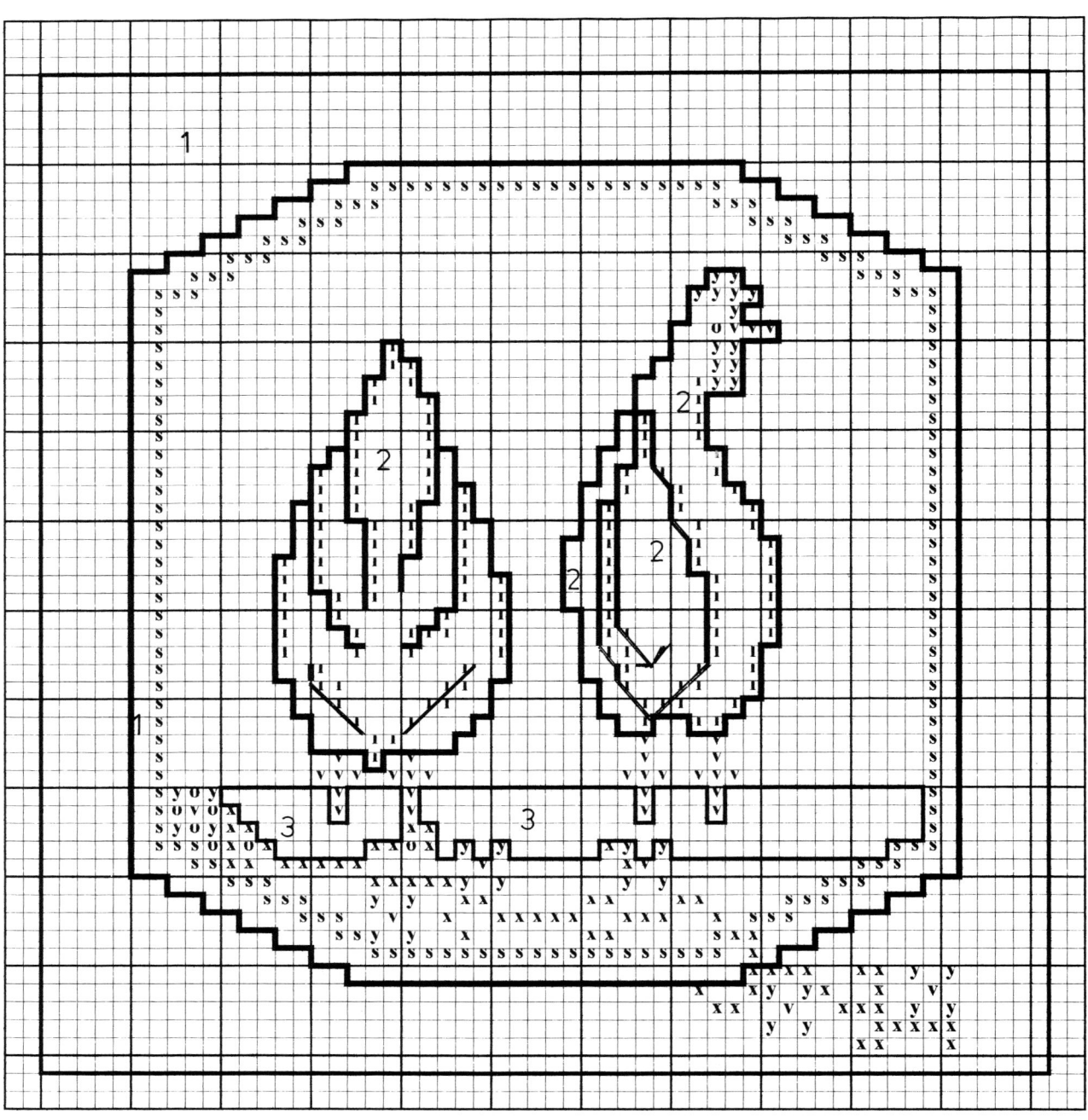

Wie die Hühner auf der Stange

… das trifft hier im wahrsten Sinne des Wortes zu.
Und wie man sieht: Auch ein Hühnerrücken kann
sehr entzücken.
Fertigmaß: 10,5 cm x 10,5 cm

Material

16 x 16 cm naturfarbenes Leinen (13 Gewebefäden
= 1 cm), je 1 Dg. Sticktwist in den Farben Graugrün,
Weiß, Hellblau, Grün, Rot, Gold, Dunkelbraun.
Arbeiten Sie nach Stickschrift zweifädig über 2 x 2

Gewebefäden im Kreuzstich. Für den eingezeichneten Steppstich nehmen Sie Dunkelbraun.

Zeichenerklärung:

	MEZ	*DMC*	
1	*= Nr. 858*	*524*	*graugrün*
2 u. s	*= Nr. 2*	*blanc-neige*	*weiß*
3 u. o	*= Nr. 905*	*3021*	*dunkelbraun*
x	*= Nr. 860*	*522*	*grün*
l	*= Nr. 159*	*827*	*hellblau*
y	*= Nr. 13*	*817*	*rot*
v	*= Nr. 306*	*725*	*gold*

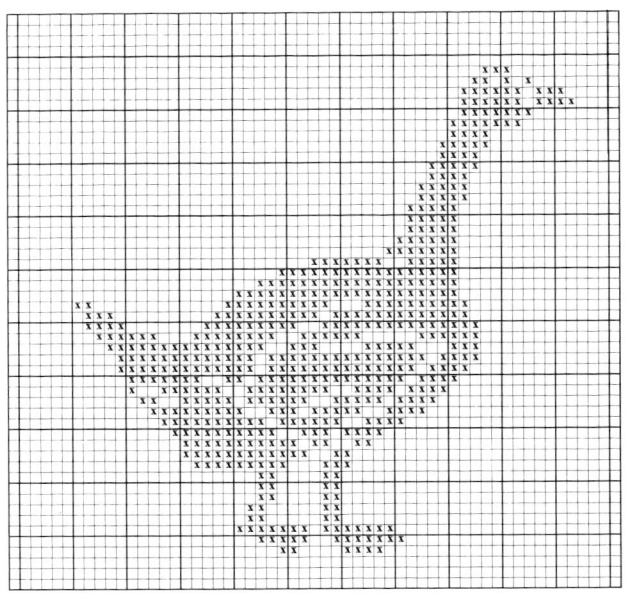

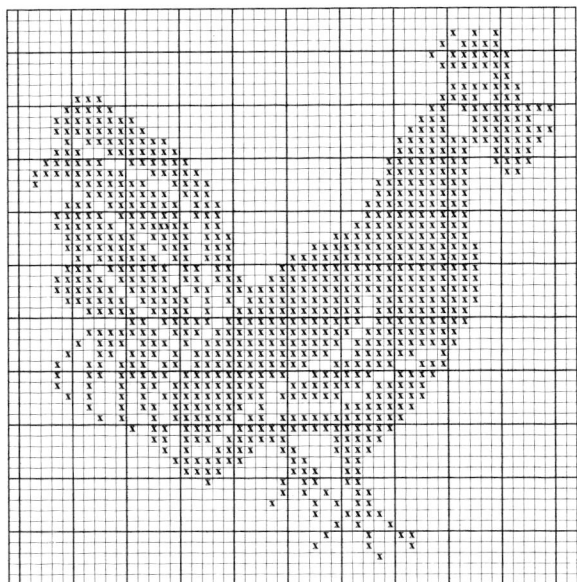

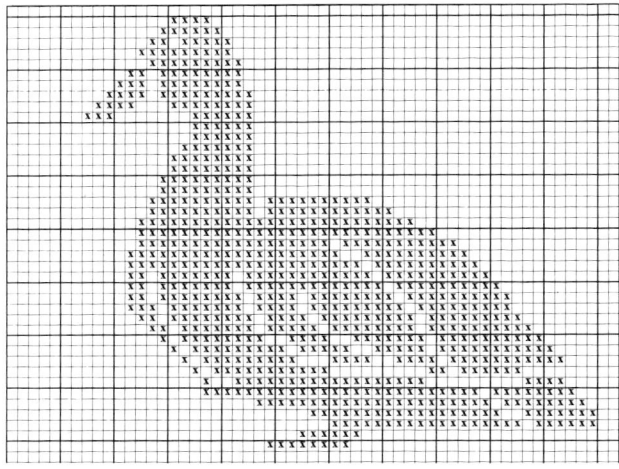

Hahn, Gans und Ente in Blau

Jetzt dürfen Sie ganz nach Ihren Vorstellungen schalten und walten. Für diese unifarbenen Motive können Sie jede beliebige Farbe verwenden. Als Blickfang auf einem Handtuch, in die Ecken einer Mitteldecke gesetzt, als Bild oder auf dem Deckel einer Spandose kommen Hahn, Gans und Ente sehr schön zu Geltung.
Fertigmaß Hahn: 10,8 x 10,8 cm, Fertigmaß Gans: 10,4 x 10 cm, Fertigmaß Ente: 10,5 x 9 cm.
Arbeiten Sie in diesem Fall auf weißem 10er Leinen (10 Gewebefäden = 1 cm). Bei den abgebildeten Motiven wurde mit der Farbe Jeansblau (MEZ Nr. 146/DMC 798) gearbeitet. Sticken Sie zweifädig über 2 x 2 Gewebefäden.

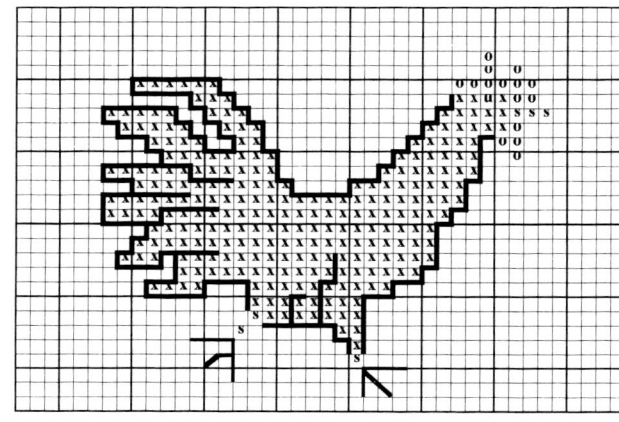

Zeichenerklärung:

	MEZ	DMC	
x =	Nr. 1	5200	weiß
o =	Nr. 13	817	rot
s =	Nr. 306	725	gold
u =	Nr. 401	413	anthrazit

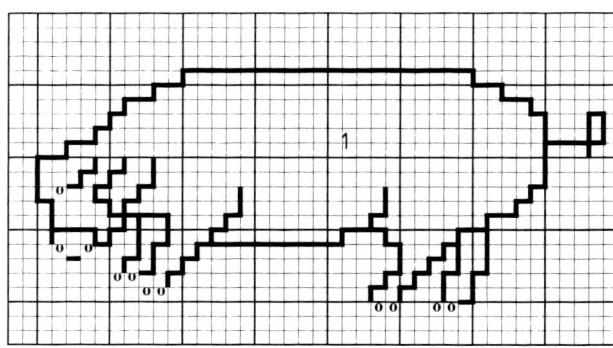

Zeichenerklärung:

	MEZ	DMC	
1 =	Nr. 894	224	rosa
o =	Nr. 112	208	lila

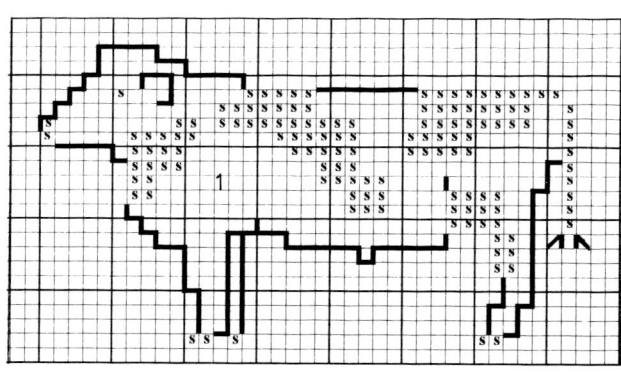

Zeichenerklärung:

s = schwarz   1 = weiß

Das rennende Huhn

... eignet sich gut für alle Arten von Borten, ob auf einem Handtuch, einem Tischband oder einer Tischdecke.
Sticken Sie es auf eine Glückwunschkarte, und Sie brauchen kein weiteres Geschenk (siehe Herstellung von Passepartouts S. 8).
Fertigmaß: 6,5 x 5 cm (auf 10er Leinen)

Material
Sticktwist in den Farben Weiß, Anthrazit, Gold und Rot.
Arbeiten Sie zweifädig nach Stickschrift über 2 x 2 Gewebefäden im Kreuzstich, die Konturen im Steppstich in Anthrazit.

Glücksschweine

Mit einem Schwein auf einer Glückwunschkarte hat man keine Probleme, sich einen Text einfallen zu lassen:
Examen bestanden! Da hast Du aber Schwein gehabt.
Auch als kleine Bilder im Kinderzimmer würden Schwein, Rind und Huhn bestimmt Anklang finden.
Gestickt wurde hier auf einer Borte mit vorgewebter, farblich passender Kante.
Fertigmaß: 7 x 3 cm auf 10er Leinen (10 Gewebefäden = 1 cm).

Material
Sticktwist in den Farben Rosa und Lila.
Arbeiten Sie nach Stickschrift zweifädig über 2 x 2 Gewebefäden im Kreuzstich.
Die Umrandung und die Konturen werden im Steppstich in Lila gestickt.

Schwarzbunte

Ein Rindvieh darf in unserer Runde natürlich nicht fehlen.
Unser Bulle hat ein Fertigmaß von 7,8 x 4,4 cm auf naturfarbenem Leinen.

Material
10er Leinen (10 Gewebefäden = 1 cm). Nehmen Sie Weiß (MEZ Nr. 2/ DMC blanc-neige) und Schwarz (MEZ Nr. 403/ DMC 310).
Arbeiten Sie zweifädig über 2 x 2 Gewebefäden im Kreuzstich.
Die Umrandung und die Konturen sticken Sie, wie in der Stickschrift angegeben, im Steppstich in Schwarz.

Laubfrosch Ludwig

... liegt auf der Lauer. Leider ist er schon recht selten geworden. Oder liegt es an seiner Tarnfarbe, daß man ihn nicht sieht? Unser Ludwig kann Ihnen zwar nicht das Wetter vorhersagen, dafür können Sie ihn aber beliebig oft sticken.
Fertigmaß: 9 cm x 8 cm

Material

15 x 14 cm weißes 10er Leinen (10 Gewebefäden = 1 cm), je 1 Dg. Sticktwist in den Farben Grasgrün, Schwarz, Grau, Braun, Grün, Hellgelb und Hellbraun.
Arbeiten Sie nach Stickschrift von Seite 46 zweifädig über 2 x 2 Gewebefäden. Der Steppstich zur Darstellung der Beinkonturen wird in Grün gestickt, die restlichen Steppstiche an Nase, Augen und Füßen in Schwarz.

Im Schneckentempo

... schleicht die kleine Esmeralda durch das Bild. Wesentlich schneller werden Sie diese kleine Stickerei fertigen. Durch die Gesamtgröße eignet sich Esmeralda auch als Motiv für eine Glückwunschkarte.
Fertigmaß: 8 cm x 4 cm

Material

14 x 10 cm weißes 10er Leinen (10 Gewebefäden = 1 cm), Sticktwist in den Farben Grau, Flieder, Lila und Rosé dunkel.
Arbeiten Sie nach Stickschrift zweifädig über 2 x 2 Gewebefäden. Die Konturen werden im Steppstich in dunklem Rosé ausgeführt.

Zeichenerklärung:

	MEZ	DMC	
1	= Nr. 397	3024	grau
o	= Nr. 869	3042	flieder
l	= Nr. 970	316	rosé dunkel
x	= Nr. 871	3041	lila

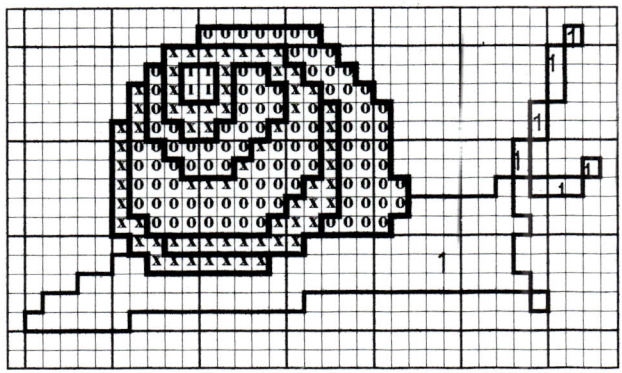

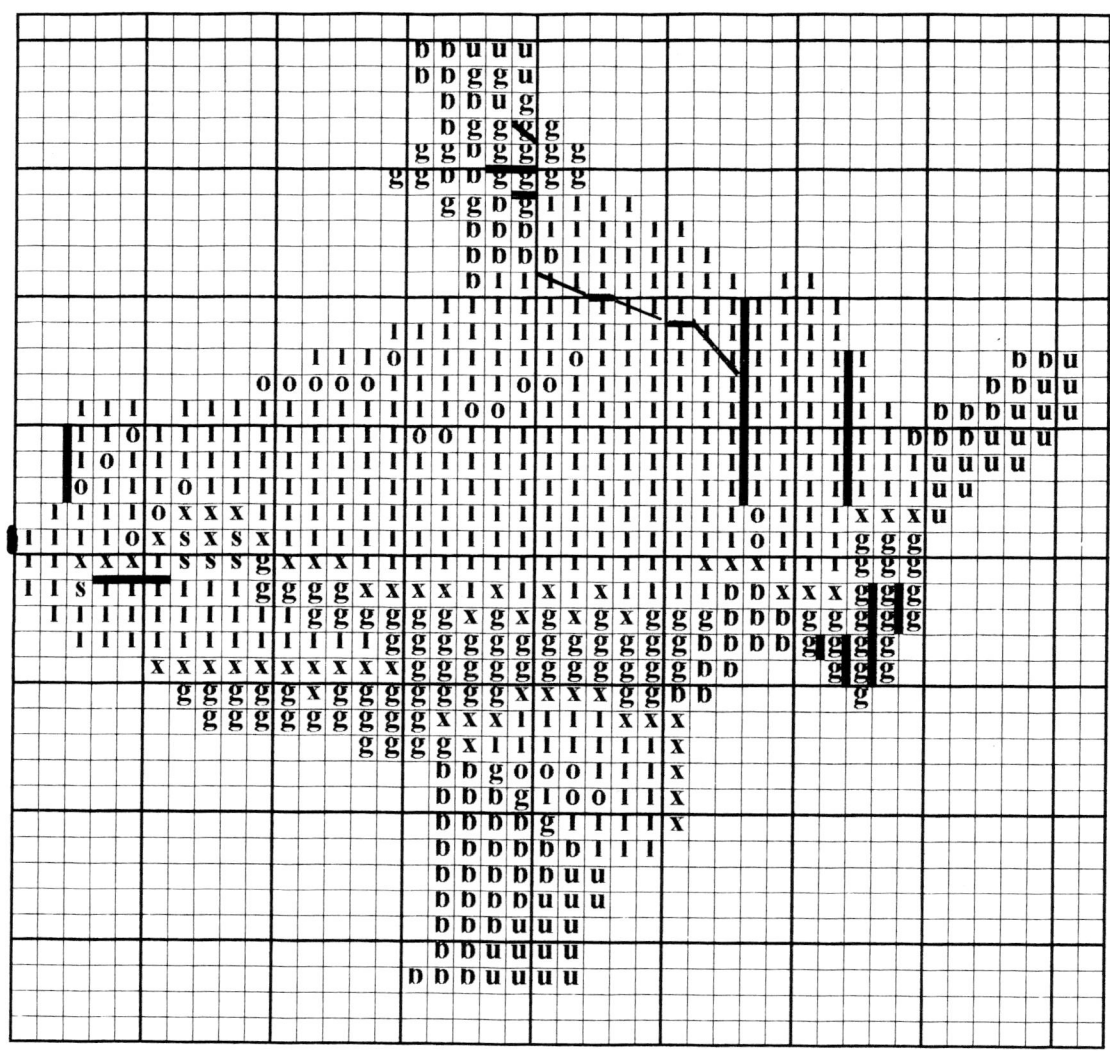

Zeichenerklärung Laubfrosch:

	MEZ	DMC	
l	= Nr. 254	472	grasgrün
s	= Nr. 403	310	schwarz
g	= Nr. 397	3024	grau
b	= Nr. 832	642	braun
o	= Nr. 256	906	grün
x	= Nr. 293	727	hellgelb
u	= Nr. 392	3032	hellbraun

Hase klassisch

Die Farbwechsel innerhalb der einzelnen Reihen erfordern Konzentration. Doch die Mühe lohnt sich. Das fertige Stickbild wird ein kleines Kunstwerk – wie gemalt.
Fertigmaß: 7,5 cm x 13,5 cm

Material

13,5 x 19,5 cm weißes 10er Leinen (10 Gewebefäden = 1 cm), je 1 Dg. Sticktwist in den Farben Goldbraun, Hellbraun, Braun, Gold, Dunkelbraun, Grau, Weiß, Grün und Lila.
Arbeiten Sie nach Stickschrift auf Seite 50 zweifädig über 2 x 2 Gewebefäden. Für den Steppstich an Nase, Pfote, Auge, Ohr und Hinterlauf nehmen Sie Dunkelbraun, für das Gras Grün.

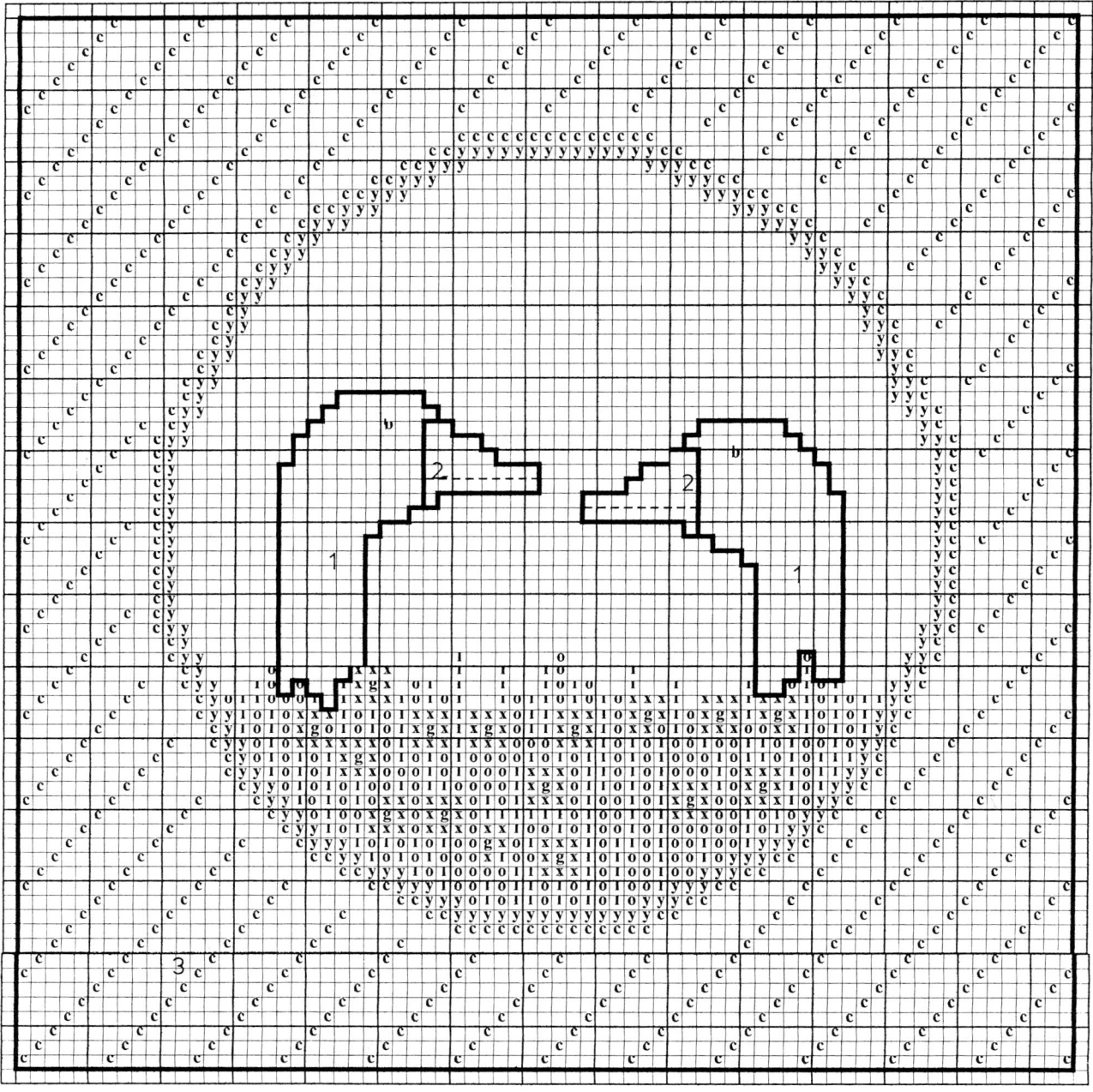

Julia und Jolanthe beim Klönschnack

Wußten Sie, daß Gänse bis zu 50 Jahre alt werden können? Dieses hohe Alter erreichen sie natürlich nur, wenn sie nicht als Weihnachtsbraten unseren festlich gedeckten Tisch schmücken. Doch auch dort genießen sie „großes" Ansehen. Julia und Jolanthe scheinen aber noch quietschfidel zu sein.

Von ihnen ragen nur die Köpfe aus dem hohen Gras.
Sollte Ihnen der Rahmen zu arbeitsaufwendig erscheinen, schneiden Sie sich mit Hilfe eines Zirkels ersatzweise ein entsprechendes Passepartout.
Fertigmaß: 14 cm x 14 cm

Material

20 x 20 cm hellblaues 10er Leinen (10 Gewebe-
fäden = 1 cm), je 1 Dg. Sticktwist in den Farben
Weiß, Jeansblau, Gelb, Grün, Orange, Hellgrün,
Hellblau und Dunkelbraun (Restgarn, da nur die
Augen und der Steppstich im Schnabel damit
gestickt werden).
Arbeiten Sie nach Stickschrift zweifädig über 2 x 2
Gewebefäden im Kreuzstich.

Zeichenerklärung:

	MEZ	DMC	
1 u. c =	Nr. 2	blanc-neige	weiß
2 =	Nr. 304	741	orange
3 u. y =	Nr. 146	798	jeansblau
g =	Nr. 290	307	gelb
o =	Nr. 216	320	grün
l =	Nr. 261	3364	hellgrün
x =	Nr. 128	775	hellblau
b =	Restgarn dunkelbraun		

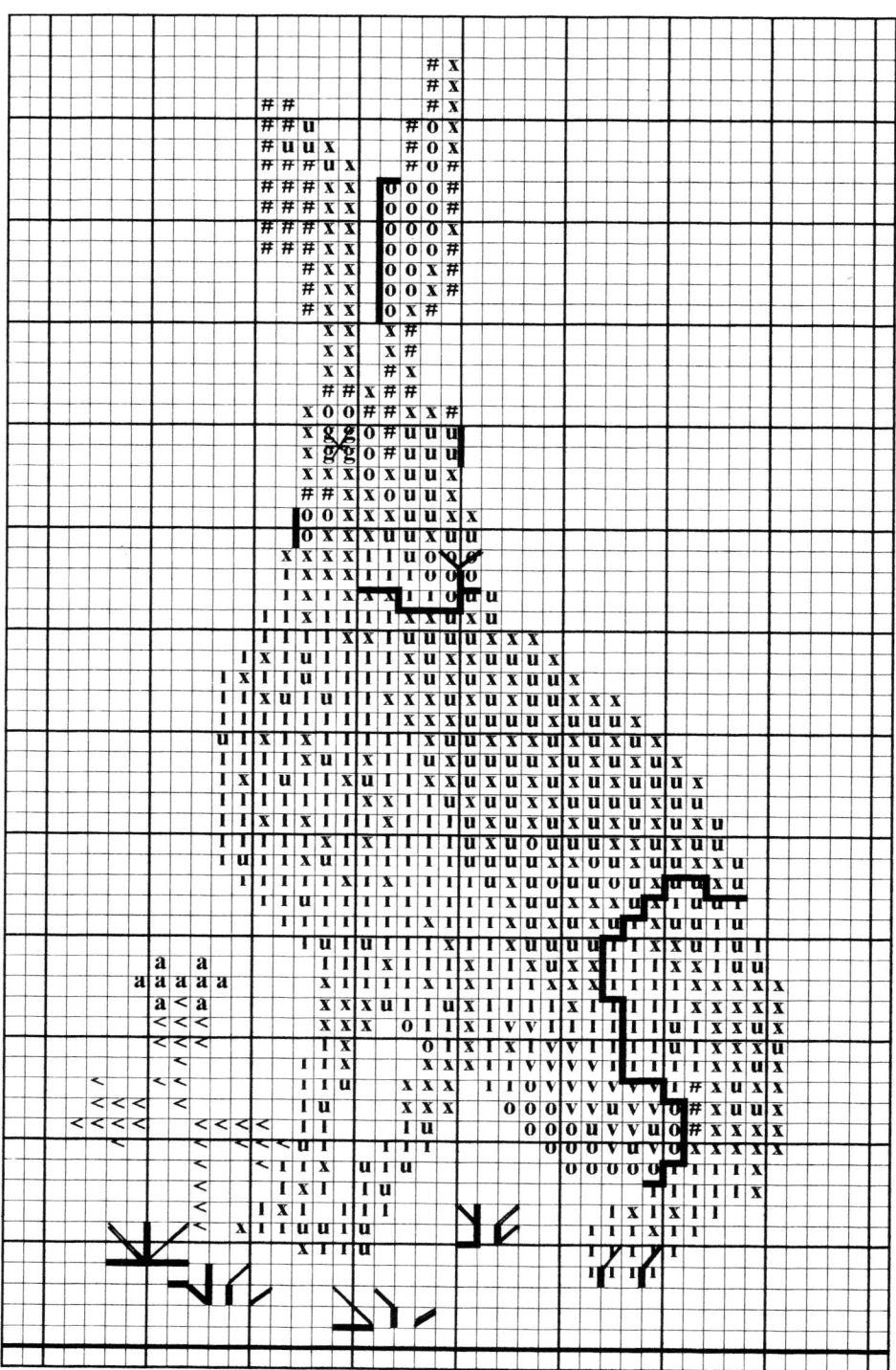

Hase klassisch

Zeichenerklärung Hase:

MEZ	DMC			MEZ	DMC	
l = Nr. 374	420	goldbraun	# = Nr. 381	3371	dunkelbraun
u = Nr. 392	3032	hellbraun	v = Nr. 397	3024	grau
x = Nr. 393	642	braun	o = Nr. 2	blanc-neige	weiß
g = Nr. 306	725	gold	< = Nr. 268	3346	grün
			a = Nr. 871	3041	lila

Stilleben

Stilleben mit Kanne

Hier fehlt eigentlich nur noch der Dampf aus der alten Teekanne. In diesem Stickbild finden wir das, was wir heute unter „ländlichem Wohnstil" empfinden: ein alter Kessel, eine rustikale Tischdecke und eine schöne Kerze. Trotz Rustikalität schon beinahe elegant, weil alles bewußt aufeinander abgestimmt ist (Vorlage Seite 56).
Fertigmaß: 15,3 cm x 16 cm

Alter Bauernschrank

Wieviele Großmütter wohl schon kopfschüttelnd zusahen, wie die Enkelkinder das alte Büfett vom Speicher schleppten? Und wieviele von diesen Großmüttern später wohl staunend vor ihrem „Alten-Farbtopf-Sammelsurium-Schrank" standen und feststellten, der sieht ja gut aus. Ein altes, wieder auf Hochglanz gebrachtes Möbelstück bringt oft eine gemütliche Note in die Wohnung. Dabei spielt es keine Rolle, wie modern man eingerichtet ist. Und wenn Sie keine Großmutter mit einem Speicher voller verborgener Schätze haben, so hängen Sie sich Ihren Schrank, gestickt, einfach an die Wand. Fertigmaß: 15 cm x 16,5 cm

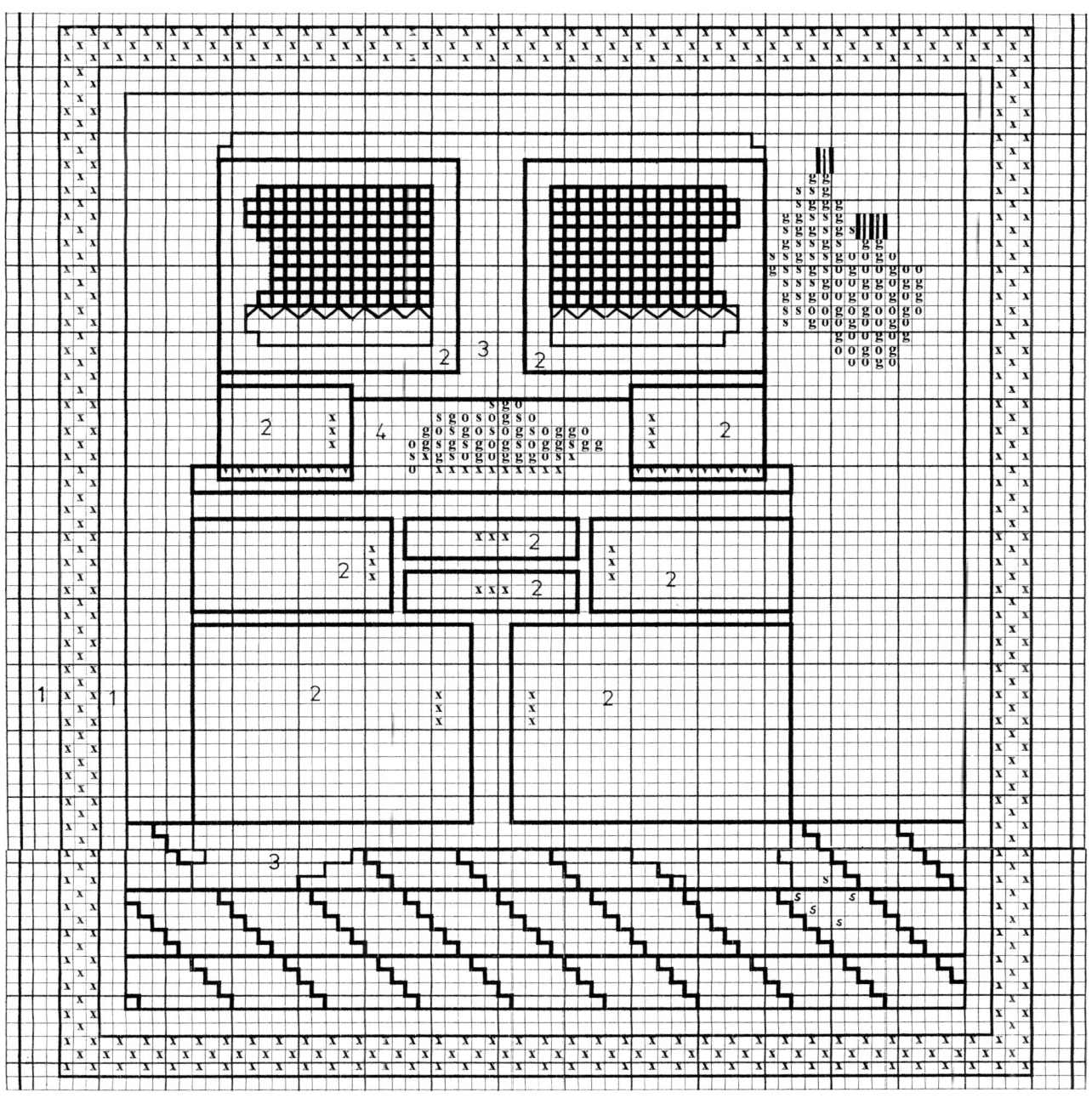

Alter Bauernschrank

Material

21 x 22 cm naturfarbenes Leinen (13 Gewebefäden = 1 cm), je 1 Dg. Sticktwist in den Farben
Dunkelblau, Lindgrün, Hellblau, Blau, Gold, Weiß
und Grün.
Arbeiten Sie nach Stickschrift zweifädig über 2 x 2
Gewebefäden. Den Steppstich wenden Sie an für
die Gardine in Weiß, für die Fußbodenfliesen und
die Umrandung der Türen und Schubladen in
Dunkelblau.

Zeichenerklärung:

	MEZ	DMC	
1 u. x =	Nr. 922	930	*dunkelblau*
2 =	Nr. 875	503	*lindgrün*
3 u. v =	Nr. 167	598	*hellblau*
4 =	Nr. 168	597	*blau*
s =	Nr. 306	725	*gold*
o =	Nr. 1	5200	*weiß*
g =	Nr. 860	522	*grün*

Rustikale Kommode

Sollte Ihnen der Schrank zu einsam an Ihrer Wand erscheinen, kann diese schöne Kommode ihm Gesellschaft leisten. Aus Gründen der Übersicht sind die Farben des Schrankes und der Kommode mit gleichen Nummern belegt, denn es werden auch die gleichen Farben benötigt.
Fertigmaß: 15 cm x 16,5 cm

Material
21 x 22 cm naturfarbenes Leinen (13 Gewebefäden = 1 cm), Sticktwist in den Farben Dunkelblau, Lindgrün, Hellblau, Blau, Gold, Weiß und Grün.
Arbeiten Sie im Kreuzstich nach Stickschrift (S. 55) zweifädig über 2 x 2 Gewebefäden. Den Steppstich wenden Sie für die Fußbodenfliesen in Dunkelblau und die Kerzendochte in Weiß an.

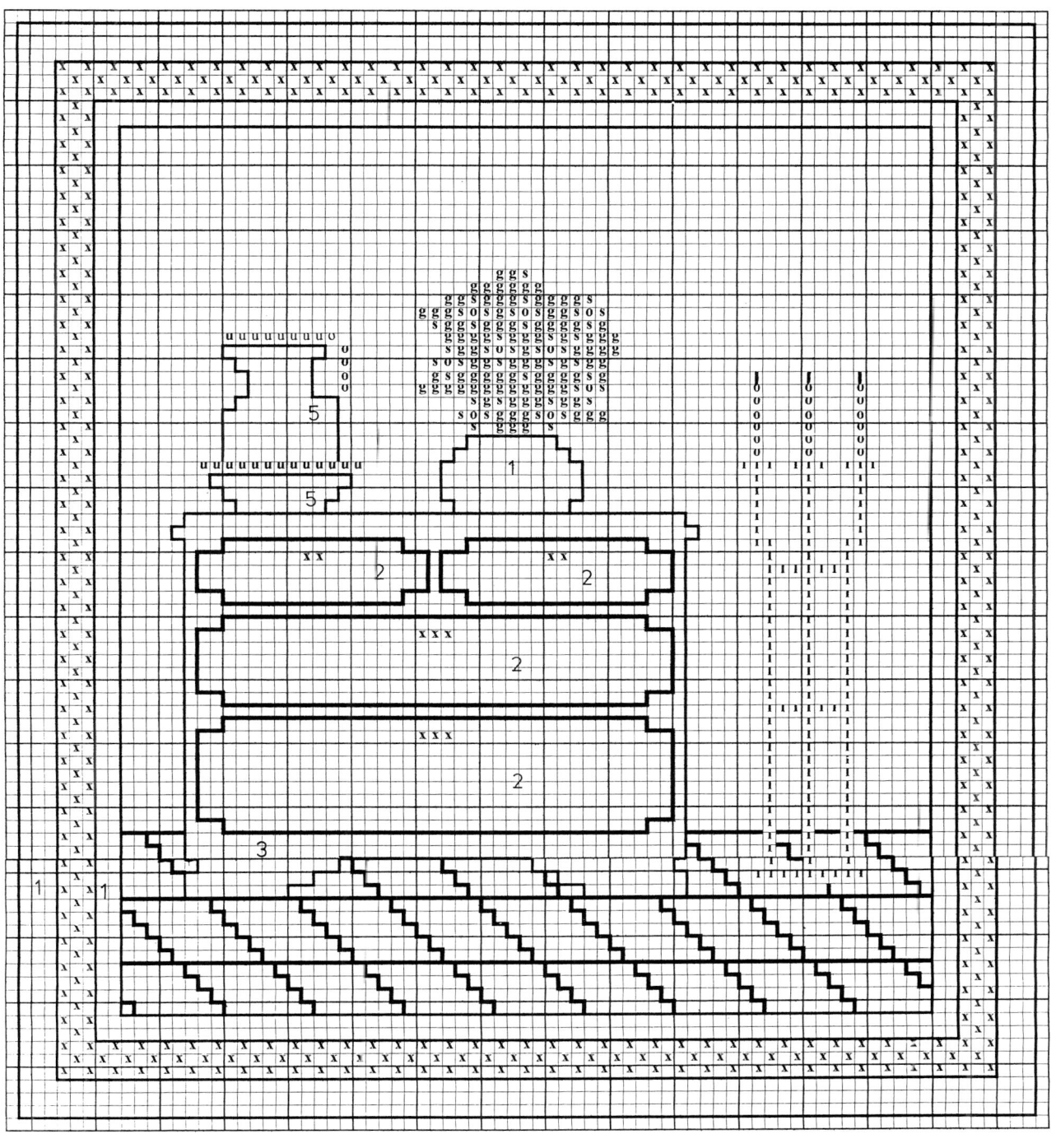

Zeichenerklärung:

	MEZ	DMC			MEZ	DMC	
1 u. x =	Nr. 922	930	dunkelblau	g	= Nr. 860	522	grün
2 u. u =	Nr. 875	503	lindgrün	s	= Nr. 306	725	gold
3 =	Nr. 167	598	hellblau				
5 u. o =	Nr. 1	5200	weiß				
l =	Nr. 168	597	blau				

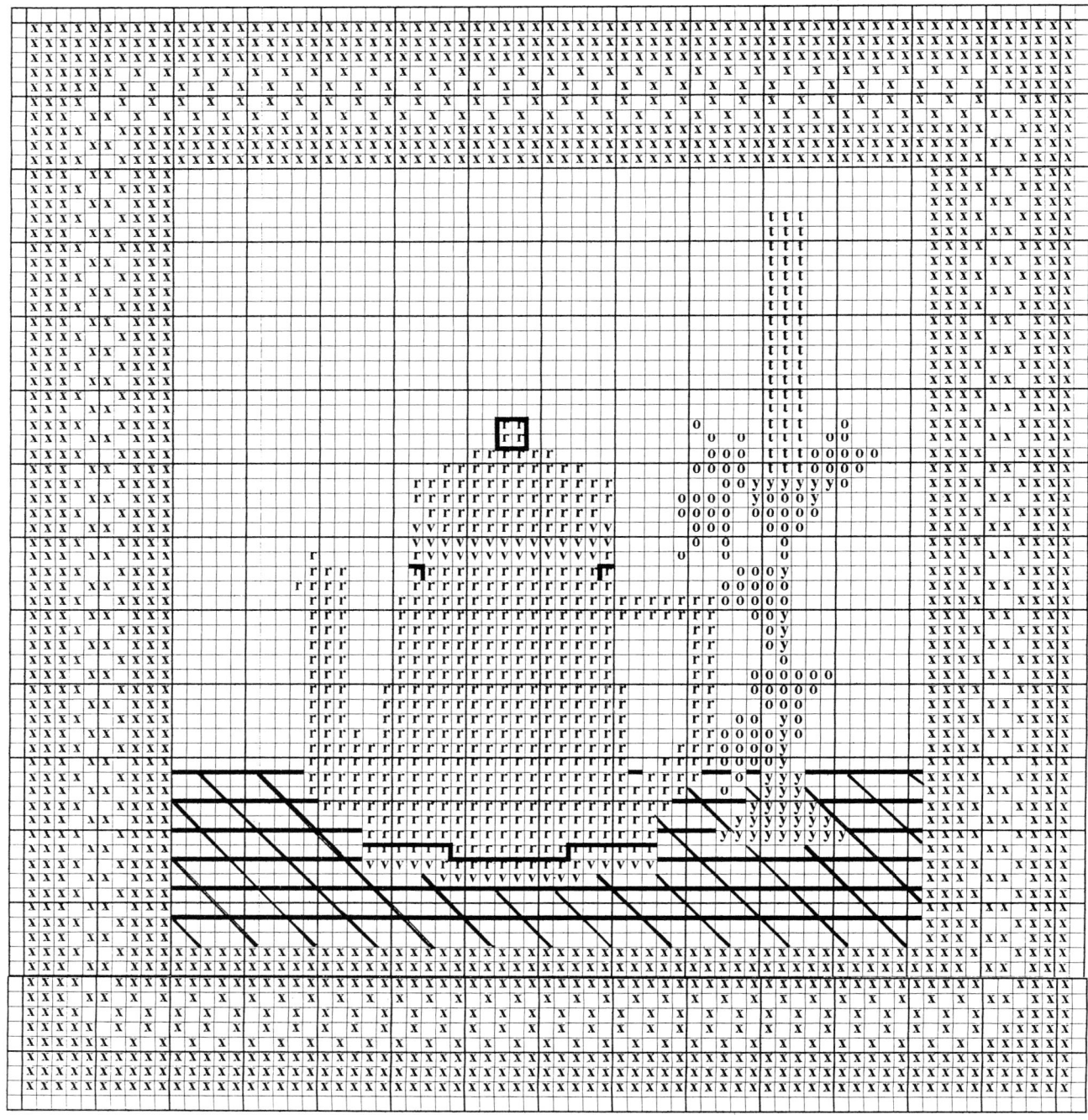

Material Stilleben mit Kanne:

22 x 22 cm weißes 10er Leinen (10 Gewebefäden),
je 1 Dg. Sticktwist in den Farben Flieder, Grün,
Dunkelblau, Grau, Blau und Lila.
Arbeiten Sie nach Stickschrift zweifädig über 2 x 2
Gewebefäden im Kreuzstich. Die Tischdecke und
der Kerzendocht werden im Steppstich in Blau
dargestellt, ebenso die Verzierung an der Kanne
in der Farbe Lila.

Zeichenerklärung:

	MEZ	DMC	
r =	Nr. 869	3042	flieder
o =	Nr. 216	320	grün
x =	Nr. 922	930	dunkelblau
y =	Nr. 399	318	grau
t =	Nr. 850	926	blau
v =	Nr. 872	3041	lila

Ländliche Borten

Borten verschiedenster Arten können Sie in jedem Handarbeitsgeschäft kaufen. Sie erhalten sie in verschiedenen Breiten, unifarben oder mit farbigen Randsäumen, fein und grob gewebt, ab ca. DM 5,–/m.

Sie können aus diesen Borten ein Tischband zaubern, einfarbige Handtücher verschönern, Bettwäsche verzieren; Sie können sie auf Zwiebel-, Watte-, Turnbeutel nähen.

Viele Einzelmotive eignen sich für Glückwunschkarten, als Shirt-Emblem, als Ministickbild.

Ihrer Phantasie sind keine Grenzen gesetzt.

Ackerwinde

Die immer wieder austreibenden Wurzeln der Ackerwinde sind der Schrecken eines jeden Ziergärtners. Da es aber ein besonders schönes Wildkraut ist, soll der Ackerwinde die erste Borte gewidmet sein.

Hier wurde eine Borte mit passendem rosafarbenen Rand gewählt.

Material

An Stickgarn benötigen Sie Sticktwist in den Farben Rosa hell, Rosa dunkel, Hellgelb und Lindgrün. Sticken Sie nach Anleitung von Seite 58 im Kreuzstich. Die Konturen innerhalb der Blüten werden durch Steppstich dargestellt. Arbeiten Sie immer entgegengesetzt zur Hauptfarbe: Hellrosa Blüte = dunkelrosa Steppstich – und umgekehrt. Auch den Stengel steppen Sie, allerdings in Grün.

Zeichenerklärung:

	MEZ	*DMC*	
1 u. y = Nr. 85	3609	*rosa hell*
2 u. p = Nr. 87	3607	*rosa dunkel*
3 = Nr. 275	746	*hellgelb*
x = Nr. 875	503	*lindgrün*

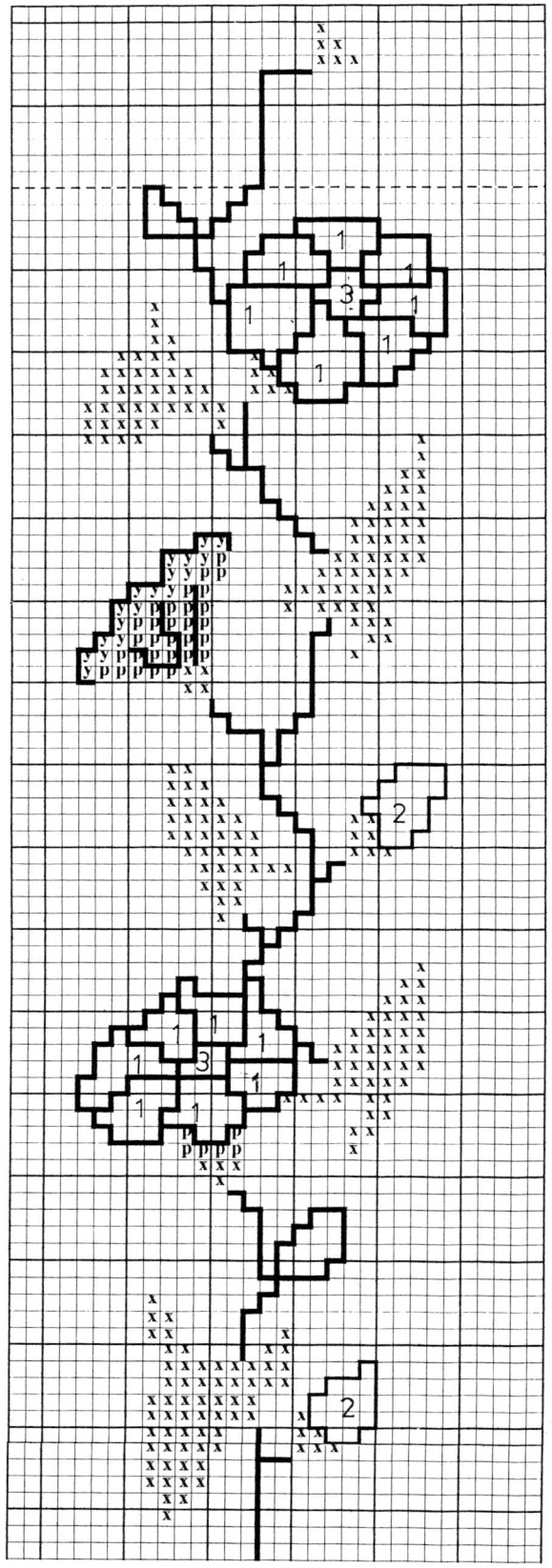

Ackerwinde

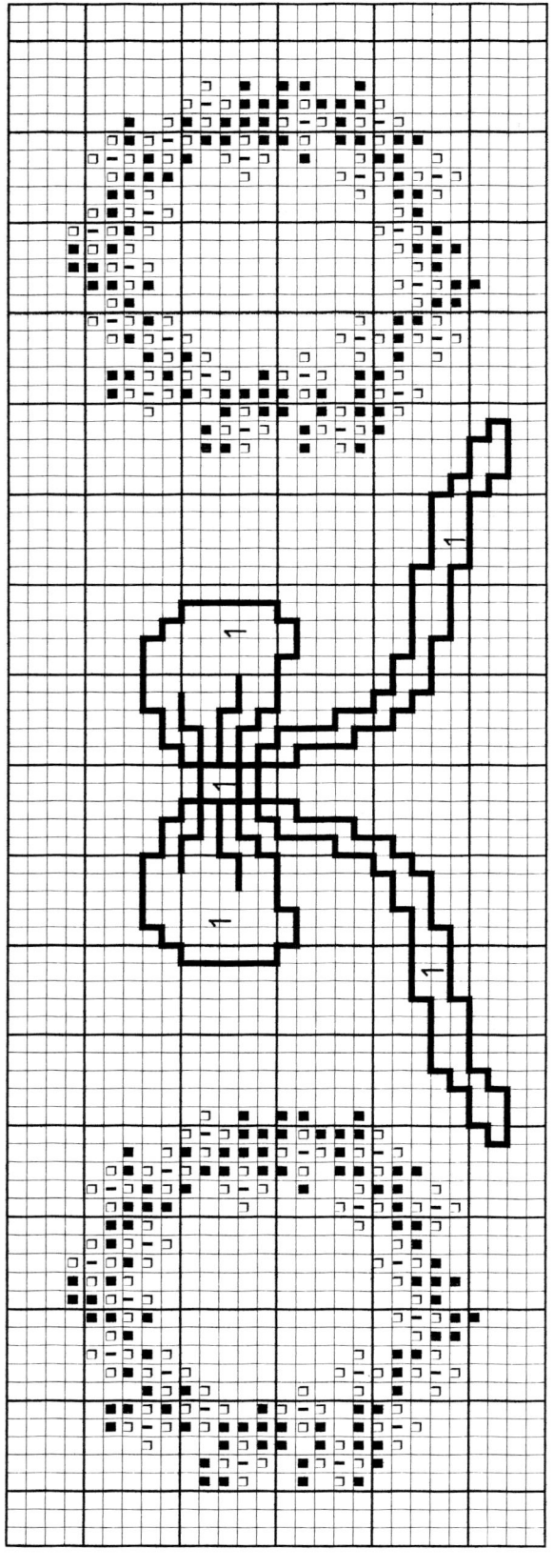

Blütenkranz und Schleife

Blütenkranz und Schleife

Diese beiden Motive sehen nicht nur auf einer Borte sehr schön aus, auch auf einer Tischdecke kommen sie gut zur Geltung.

Material
Arbeiten Sie nach Stickschrift zweifädig über 2 x 2 Gewebefäden mit Sticktwist in den Farben Grün, Gelb und Flieder.
Die Konturen der gelben Schleife werden im Steppstich in Flieder gearbeitet. Da sie vollständig umsteppt wird, füllen Sie alle umrandeten Felder, wie in der Stickschrift eingezeichnet, mit Gelb aus.

Zeichenerklärung:

		MEZ	DMC	
❏	= Nr. 109	209		*flieder*
■	= Nr. 214	368		*grün*
▮ u. 1	= Nr. 290	307		*gelb*

Efeuranke

Ein ebenfalls effektvolles Tischband ergibt dieses Efeurankenmuster. Es wirkt recht abwechslungsreich, dabei ist der Mustersatz verhältnismäßig klein. Das hat den Vorteil, daß Sie bald auswendig sticken und nicht bei jedem Stich auf die Anleitung sehen müssen.
Tip: Handarbeitsfans, die nicht nur gerne sticken, sondern ebenso gerne häkeln, können Stickschriften zum Teil auch als Filet-Häkelschriften nutzen. Wenn Sie bei diesem Muster den Steppstich nicht beachten, würden Sie es auch für eine Häkelgardine oder einen kleinen Tischläufer nutzen können.

Material
Nehmen Sie Sticktwist in den Farben Lindgrün, Grün und Braun.
Arbeiten Sie zweifädig nach Stickschrift. Bei den kleinen Blättern wird der Stiel in Braun gesteppt. Stickvorlage und Zeichenerklärung finden Sie auf Seite 63.

Tränende Herzen

Auch dieses Motiv eignet sich hervorragend für eine Glückwunschkarte.

Material
Die Schleife wird vollständig im Steppstich in dunklem Rosa gearbeitet. Für die Blätter und die Stiele (Steppstich) nehmen Sie ein zartes Grün. Die Blüten sticken Sie nach Anleitung von Seite 63 zweifädig in hellem und dunklem Rosa.

Tulpen

Welche Tulpe gefällt Ihnen besser? Die kleine oder die große? Sie haben freie Auswahl! Farblich sind sie gleich gearbeitet.

Material
Sie brauchen Sticktwist in den Farben Rot, Lindgrün und für die Blätter grün. Die Anzahl der Doggen richtet sich natürlich nach der Länge der geplanten Borte (Vorlage Seite 64).

Ganz schön zwiebelig…

Trotz des Motives brauchen Ihnen nicht die Augen zu tränen. Ganz im Gegenteil! Stellen Sie sich Ihren schön gedeckten Kaffeetisch vor: In der Mitte liegt dieses selbst bestickte Tischband. Die dazu passenden Servietten stehen hübsch gefaltet auf jedem Teller, und wie zufällig haben Sie noch dieses ganz bestimmte Geschirrtuch in der Hand. Es wird Sie jeder Gast beneiden.

Material
Arbeiten Sie das Muster in Hell- und Dunkelblau (MEZ Sticktwist Nr. 136 und Nr. 148/DMC Nr. 809 und Nr. 824). Die Ranken sticken Sie im Steppstich in Dunkelblau, ebenso die Konturen innerhalb der hellblauen Motive.
Die seitlichen Zwiebeln sind auf dieser Borte vom Rand aus plaziert. Dadurch werden sie durch den anders verlaufenden Deckstich besonders hervorgehoben (Vorlage S. 62).

Musterborte Obst

Hier können Sie sich Ihr Lieblingsobst aussuchen. Entweder sticken Sie es einzeln, oder Sie kombinieren verschiedene Früchte miteinander.

Material Den *Apfel* sticken Sie in Leuchtendrot, sein Blatt in Grün. Für den Blütenansatz, den Stiel und die Steppstichumrandung/Konturen nehmen Sie Dunkelbraun (Vorlage S. 64).

Zeichenerklärung:

MEZ	DMC	
1 = Nr. 268	3346	grün
2 = Nr. 46	666	rot
y = Nr. 360	938	braun

Die zartgelbe *Birne* wird wie der Apfel gearbeitet, sie unterscheidet sich nur durch ihre Hauptfarbe: Cremegelb.

Zeichenerklärung:

MEZ	DMC	
1 = Nr. 268	3346	grün
3 = Nr. 301	745	cremegelb
y = Nr. 360	938	braun

Eine *Zitrone* muß zitronengelb sein. Auch sie wird dunkelbraun umsteppt.

Zeichenerklärung:

MEZ	DMC	
4 = Nr. 290	307	zitronengelb
y = Nr. 360	938	braun

Für die *Banane* brauchen Sie Creme- und Sonnengelb sowie Braun für die Konturen.

Zeichenerklärung:

MEZ	DMC	
4 = Nr. 290	307	zitronengelb
l = Nr. 301	745	cremegelb
y = Nr. 360	938	braun

Die *Kirschen* sind in saftigem Dunkelrot gestickt, Blatt, Stiele und Umrandung werden wie beim Apfel ausgearbeitet.

Zeichenerklärung:

MEZ	DMC	
1 = Nr. 268	3346	grün
5 = Nr. 13	817	dunkelrot
y = Nr. 360	938	braun

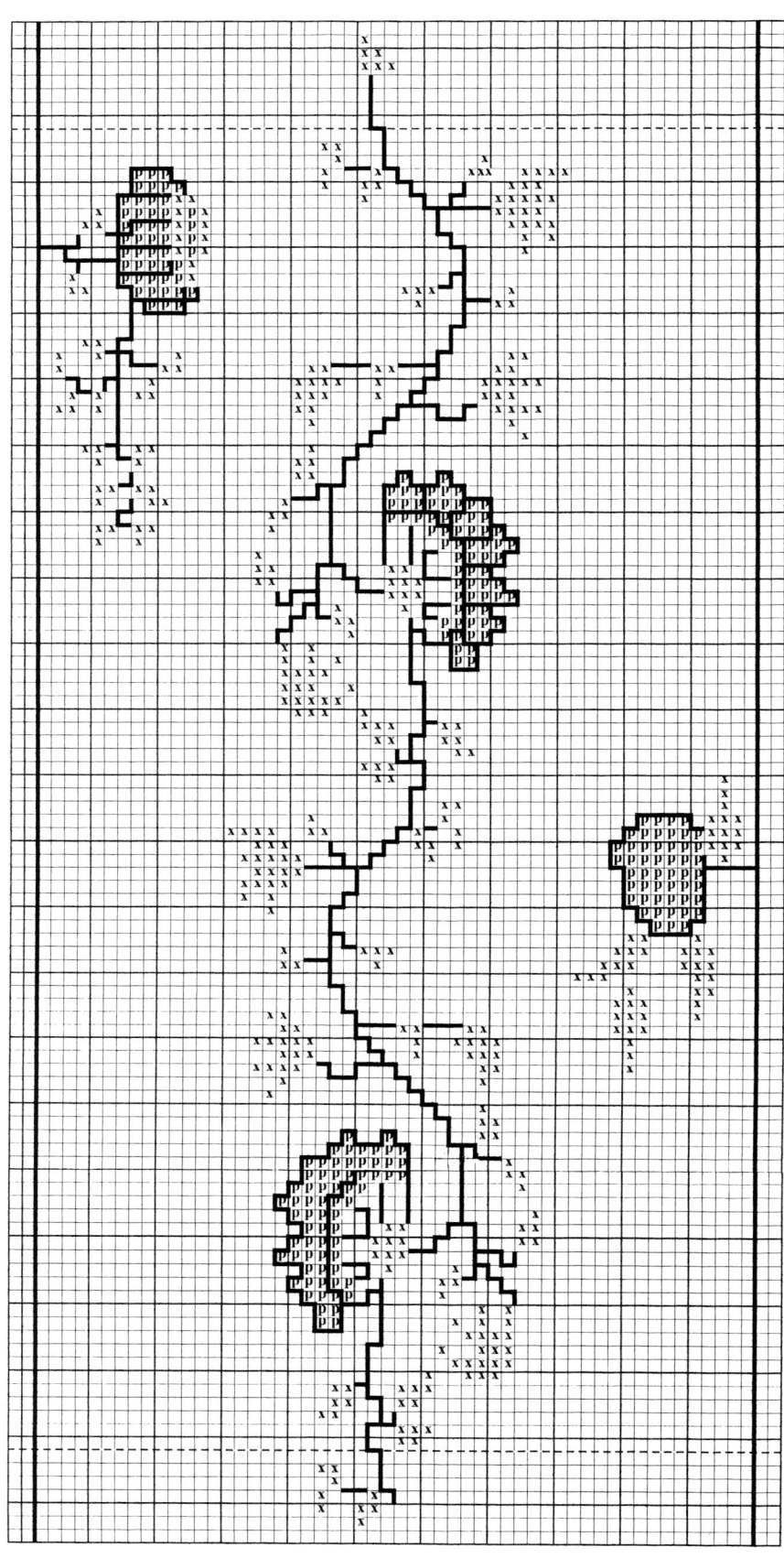

Ganz schön zwiebelig…

Zeichenerklärung:

	MEZ	DMC	
x =	Nr. 148	824	*dunkelblau*
p =	Nr. 136	809	*hellblau*

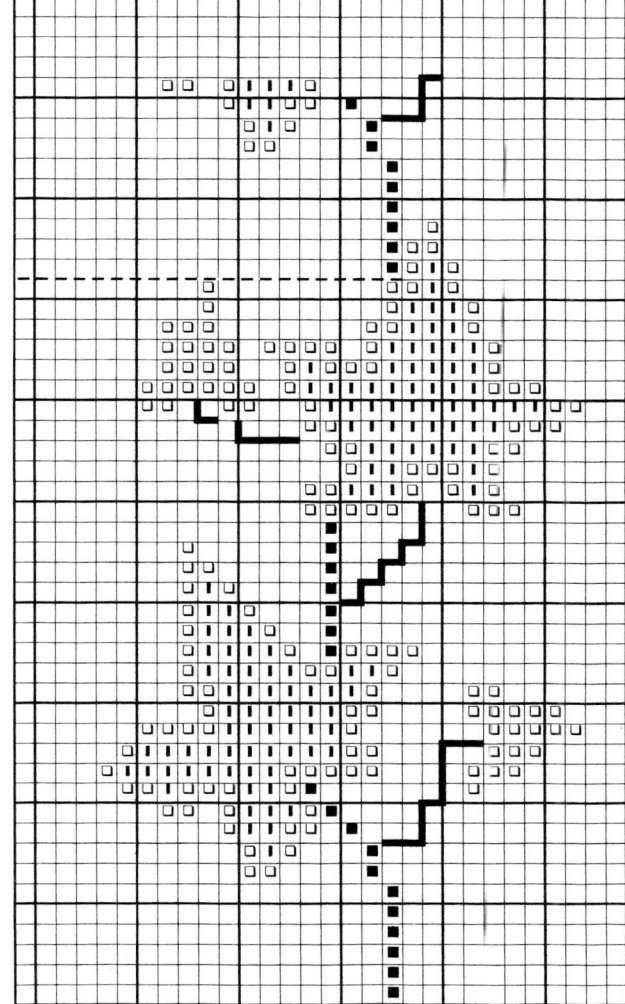

Zeichenerklärung Efeu:

MEZ	DMC	
❑ = Nr. 214	368	lindgrün
I = Nr. 860	522	grün
■ = Nr. 360	938	braun

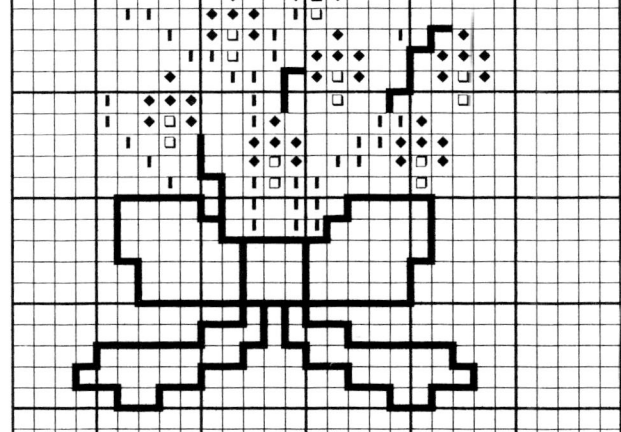

Zeichenerklärung Tränende Herzen:

MEZ	DMC	
❑ = Nr. 896	221	rosa hell
◆ = Nr. 895	223	rosa dunkel
I = Nr. 875	503	lindgrün

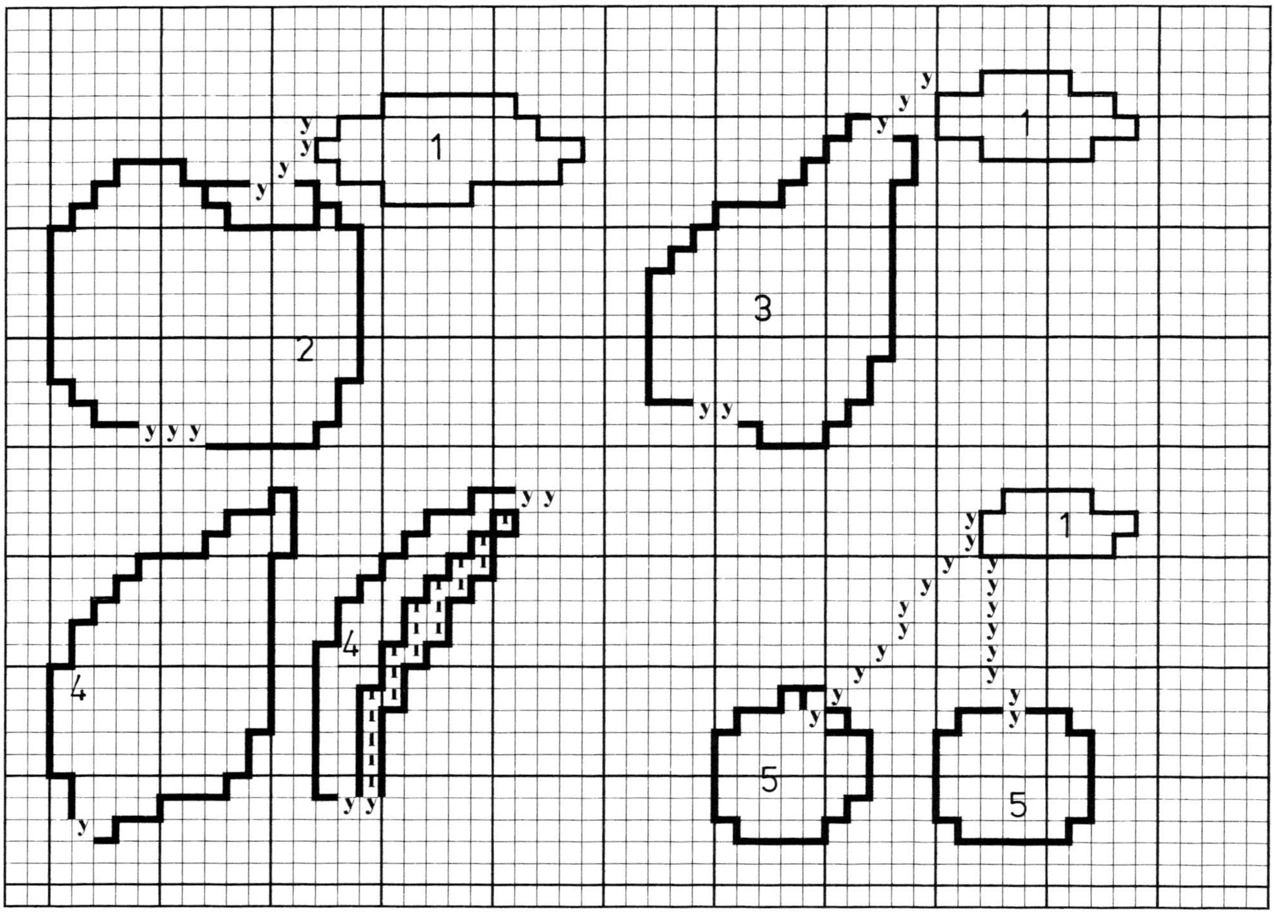

Vorlage zu Musterborte Obst (Zeichenerklärung auf Seite 61)

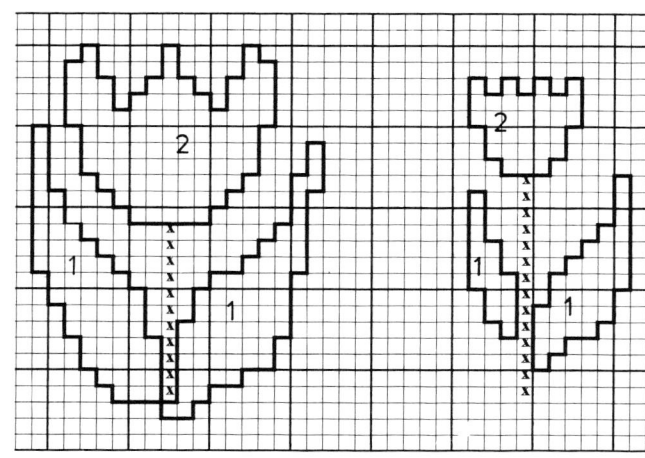

Zeichenerklärung Tulpen:

	MEZ	DMC	
1	= Nr. 216	320	grün
2	= Nr. 46	666	rot
x	= Nr. 875	503	lindgrün